御嶽山噴火

運命の60秒

JN152145

11時55分30秒　二ノ池本館から望む継母岳方面から上がった噴煙

八丁ダルミ

王滝頂上から剣ヶ峰にかけて
遮るもののない平坦地が広がる。
ここから剣ヶ峰にかけて17人の命が失われた

当日の午前8時ころ
右手が「まごころの塔」と「御嶽教御神火祭斎場」、左手奥が剣ヶ峰

11時53分　「まごころの塔」と噴火直後に立ち上がる噴煙

11時52分40秒　「まごころの塔」から少し上がった地点で、巨大な噴煙が上がった

11時53分ころ

剣ヶ峰

その直後、やはり11時53分ころ

11時53分01秒

11時53分05秒

大きな裾野を広げる御嶽山の最高峰。
社務所のある頂上は狭く、噴火により多くの犠牲者が出た。
近江屋洋、野口泉水氏の写真だが、
撮影後、彼らも噴火の犠牲となってしまった

二ノ池

日本最高所にある火口湖で、
標高２９００メートル。
その畔に建つ二ノ池本館の支配人（当時）、
小寺祐介氏が撮影した、
剣ヶ峰・地獄谷と継母岳方面から上がる噴煙

11時53分30秒

11時53分40秒

11時54分32秒

11時54分49秒

11時56分54秒

12時35分ころ
水面に水柱が立つ

地獄谷

剣ヶ峰の南側に噴火口があり、
崩壊地が口を開き
地獄谷と呼ばれている。
11 時 53 分ころ、
剣ヶ峰から望む
地獄谷を這い上がる噴煙

ヤマケイ文庫

御嶽山噴火

生還者の証言　増補版

Ogawa Sayuri　小川さゆり

Yamakei Library

＊本文をお読みになる際、添付の地図は開いたままでご利用ください。
地図と照合しながら、文が読めるようにしました。
＊本書は二〇一六年に刊行されたヤマケイ新書『御嶽山噴火　生還者の証言』を底本とし、新たに第五章を増補し、再編集したものです。

文庫増補分

第五章　噴火から十年

はじめに

二〇一四年九月二十七日十一時五十二分ころ、御嶽（おんたけ）山が噴火しました。

あの日から間もなく二年が経とうとしています。

噴火で六十三名の登山者が尊い命を落とされ、今も五名が家族のもとに帰ることができていません。

謹んでお悔み申し上げるとともに、心からご冥福をお祈り申し上げます。

噴火は極めて小規模な水蒸気噴火と発表されました。自然界では小規模であっても、登山者にとって対応できるレベルをはるかに超えた自然の脅威でした。

あの日、「警戒レベルは一、平常」でした。しかし、御嶽山は突然噴火しました。

九月十日、十一日と火山性地震が五十回を超え、警戒レベルを引き上げる条件は地震だけを見れば満たしていました。しかし、レベルを上げる他の項目に変動がなく、レベルは引き上げられることはありませんでした。次に異変が起きたのは二十七日十一時四十一分でした。噴火十一分前。その異変に登山者は気づきませんでした。

噴火現象は天災です。しかし、九月十日、十一日の火山性地震が五十回を超えたときに「警戒レベル二」に上げてくれていたならば、登山者は火口からおおむね一キロへの立ち入り規制により、噴石が激しく飛び交った山頂部にはいませんでした。そういった意味では人災だという意見もあります。

しかし、あの日「警戒レベルは一」だった。それがすべてでした。「レベルさえ上がっていれば」、そう考えれば、そこで立ち止まってしまいます。時間を巻き戻すことはできません。現実を受け止めることしかできません。立ち止まっていては、噴火は過去のことになり、忘れ去られてしまいます。

その日は晴天、紅葉、土曜日と素晴らしい登山日和のなか、多くの登山者が雄大な御嶽山の自然を満喫していたと思います。山頂では、笑顔で記念写真を撮り、お昼ごはんを食べ、楽しそうな会話や笑い声があちこちから聞こえてきました。自然のよいところばかり集めた、そんな日でした。

十一時五十二分ころ、笑顔は消え、笑い声は悲鳴へと変わりました。同じ山とは思えない光景、状況となりました。しかし、どちらも紛れもない御嶽山の姿です。自然のもつ素晴らしさと背中合わせの厳しさ、恐ろしさを誰もが忘れていました。

噴火時、山頂周辺には二五〇人ほどの登山者がいたと言われています。突然の圧倒的な自然現象を目の当たりにして、どうなるのか分からない不安のなかで誰もが強烈に死を意識し、そして死を覚悟したと思います。そのなかでも、噴石が容赦なく激しく飛び交い、多くの登山者が命を落とした噴火口から半径五〇〇メートル以内の王滝奥の院、八丁ダルミ、剣ヶ峰、お鉢の核心部でも、全滅ではありませんでした。

あの噴煙のなかでも、生存者はいたのです。私もそのなかの一人です。

全滅ではないのなら、そこには生死を分けた何かがあったはずです。

「運」だけではない何かがあったはずです。

六十三名の尊い命と引き換えに、その生死を分けたものが何かを学び取り、この先に繋げる「教訓」にしなければいけません。噴火の状況を知った上で、わずかな時間、限られた場所、突然の噴火に登山者が対応できる状況ではないなかで、生死を分けた教訓を学び取るのは酷かも知れません。そして、生死を分けた教訓を伝えることは痛みを伴います。ご遺族の深い悲しみに寄り添えば、「運が悪かった」で終わりにされるほうがいいのかも知れません。今はそっとしておいてほしいと思う方もいるでしょう。

しかし教訓を残せない災害は、痛ましい事実としてそのときは世間の目に留まりますが、時間が経てばやがて忘れられ記憶には残りません。覚えているのは、当事者だけになってしまうのではないでしょうか。

私は災害、山の事故に「旬」はないと思っています。人が命を落とすとき、必ずそこには命を守る手がかりがあるはずです。その手がかりは、時間がどれほど経とうとも色あせることなく、教訓として伝えられ、語り継がれると思います。

私自身が、山岳事故の事例から多くのことを学んでいます。その事例は、時間が経ったものでも命を守る手がかりは今と何も変わりません。

それは、変わるのは人間だけであって自然自体は何も変わっていないということでしょうか。

教訓に「旬」はなくとも、教訓を打ち出すのには「旬」はあると思っています。十年後に今回の噴火の教訓を出したところで、当事者以外、誰の心にも届きません。「そんなこともあった」と思うだけではないでしょうか。噴火は教訓を残せなかった、ただ悲しいだけの過去になるのです。

噴石が飛び交う暗闇で私が悔しかったのは、死んだらきっと「運が悪かったね」、そんな言葉で終わりにされることでした。当たり障りのないそんな言葉を言われることでした。

あの日、登っていた運の悪さは確かです。

噴煙を見上げ逃げ惑い、岩陰で生きて帰ることだけを考え続け、最後まで諦めず、自然の脅威のなかで生きたいと、ムダな抵抗を精一杯した生きざまは、誰も知ろうとはしないのです。

それが悔しくてたまりませんでした。

六十三人の登山者もそうではないでしょうか。

突然の噴火から命を守ろうと行動しなかった登山者は誰一人いません。誰もが生きて帰ることを最後まで諦めなかったはずです。生きて帰るために、目の前の非情な現実のなかで精一杯抵抗したはずです。待っている家族がいるのに、あの場所で命を落とすわけにはいかなかったはずです。

その生きざまを、「運が悪い」という言葉で終わりにすることは私にはできません。その言葉は、噴火災害と向き合うことを放棄する言葉ではないでしょうか。

私自身が、満を持して生きて帰って来られたわけではありません。噴石の直撃がなかっただけのことです。生死は紙一重でした。

生かされた自分にできることは、命を落とされた登山者が見た噴火の恐怖と、残していただいた教訓を伝えることです。それは私が死んでいたら、生き残った登山者に推測ではない想像ではない現実を、体で感じた噴火の恐怖を伝えてほしいと思うからです。

一九七九年十月二十八日、御嶽山では今回と同じ規模の水蒸気噴火がありました。登山シーズンではなかったこともあり、ケガをされた登山者はいましたが、命を落とした登山者はいませんでした。ケガをされた登山者も逃げられたため、噴火の恐怖は誰にも伝えられることはありませんでした。

しかし、今回は違います。多くの登山者が噴火に巻き込まれました。そして多くの登山者が命を落とされ、傷つきました。

今、噴火災害と向き合わずしていつ向き合うのでしょうか。

登山者が対応できるレベルを超えた噴火から、わずかでも生死を分けた教訓を学び取ることができるのならば、そしてその教訓を伝え生かすことができるのならば、噴火で傷つき、命を落とす登山者は今回が最後になると信じています。

「噴火の恐ろしさと、そこから学んだ教訓」を伝えることが、あの日、御嶽山で生かされた私ができる、尊い命を落とされた登山者へのご供養だと信じています。伝えることが、命を落とされた登山者、ご遺族の方への、私の考える寄り添い方だと思っています。

御嶽山噴火は多くの教訓を残してくれました。それぞれの立場で防ぐことはできなかったのか、被害を最小限にするためにできたこと、するべきことは何だったのか。認めるべき反省点はしっかり認めることです。

誰もが御嶽山を、自然を甘く見ていたことは揺るぎのない事実です。一九七九年の噴火で「御嶽山は噴火する山」、死火山ではないと教えてくれていました。

私自身がまったく噴火を想定していませんでした。そんな自分自身への戒めも込め、あの場所にいた山に携わる者として、また中央アルプスから親しみを込め眺めていた大切な山として、「登山者ができること、するべきこと」という登山者の立場で教訓を考えたいと思います。

火山に関わるそれぞれの立場で、今回の教訓を生かし登山者を噴火から守ろうと準備が始まっています。火山研究や行政の役割、シェルター設置、噴火に関する情報の伝達、今回の教訓を最大限に生かしすべてが整ったとしても、危険と即座に判断し行動できる登山者の意識が伴わなければ噴火から命を守ることはできません。自分の命は自分でしか守れません。

噴火時にいた場所や、誰といたか、また大切な人を失った方、そして想像だけでは感じ方や考え方も違うと思います。「そうは思わない」「それは違う」と思っていただいて結構です。「思う」ことは誰にでもできます。そこから一歩踏み込み、「自分なら……」と考えることが何より大切です。一人一人が考えることが、「予知できない噴火、阻止できない噴火」から、同じように命を落とす登山者を出さない次に繋がる大切な一歩だと思います。

御嶽山噴火の教訓が、「活火山」を登ることだけに留まらず「登山」という広い視野で教訓を共有し、美しく雄大な自然ばかりではなく、時に厳しく恐ろしい自然との向き合い方や共生を考えるきっかけになれば幸いです。

そして何より山で傷つき、命を落とす登山者、悲しい思いをする家族の方が減る一助になることを心から願っています。

第一章

運命の一日

絶好の登山日和

御嶽山は、長野県と岐阜県にまたがる標高三〇六七メートルの独立峰の活火山である。

剣ヶ峰を主峰とし東西一キロ、南北に四キロに及ぶ山頂部には、主要な四峰と支峰、そして賽の河原や五つの火山湖がある。その豊かな自然は、春の残雪期には春山やスキーが楽しめ、夏には高山植物、ライチョウ、そして雪渓が残るエメラルド色に輝く二ノ池、三ノ池の絶景が広がる。真夏でも下界の暑さを忘れさせる爽やかな風が吹き、登山者を癒してくれる。秋には見事な紅葉が山肌を染め、冬、独立峰の御嶽山は風が強く一瞬のミスさえ許さない厳しい山となる。

季節を通じて多彩な魅力をもつ御嶽山は、登山や温泉といった観光資源に恵まれ、その豊かな土壌と水は農作物の恵みをもたらし、山麓の人々から「おやま」として崇められてきた。

登山をする人なら、一度は聞いたことがある日本百名山の一つでもある。

登山口は五つあるが、人気のある王滝口（おうたきぐち）、黒沢口（くろさわぐち）登山道はいずれも七合目近くまで交通機関を利用して行くことができ、登山道も整備され、山小屋も多いことから幅広い世代の登山者に親しまれている。

霊山御嶽山は御嶽教の信仰の対象とされ、主峰剣ヶ峰には御嶽神社奥社がある。夏には白装束を身にまとった多くの信者が登っている。

そして噴火の歴史を振り返ると、有史初一九七九年十月二十八日に噴火している。今回と同じ水蒸気噴火、規模だったようだが、登山シーズンが終わっていたこともあり命を落とす登山者はいなかった。その後一九九一年、二〇〇七年にもごく小規模の噴火があったが登山シーズンではなかった。

大きく広がる裾野は雄大で存在感があり、登ってよし、眺めてよし、そんな美しい山である。

しかしその素晴らしさと同時に、厳しさをもった標高三〇六七メートルの独立峰でもある。さらに「活火山」というリスクを負った高山ということを決して忘れてはいけない山でもある。

＊

二〇一四年九月二十七日。私は予定していた時間より一時間三十分遅れで家を出た。

私は駒ヶ根を拠点とする中央アルプスの地元ガイドである。御嶽山は中央アルプスからはとても綺麗に望める山であり、最近は眺めてばかりだったが、久しぶりに御嶽山のガイドを頼まれた。「地震が増えた」とニュースで言っていたし、あまり気が乗らなかったが、馴染みの方に頼まれたこともあり、引き受けて下見に来た。

ガイドの下見は、プライベートで登っていてもガイドしたことがない山はもちろん、ガイドしたことがあっても間隔が空いていれば行くし、何度も行く千畳敷から木曽駒でもシーズン初めは残雪の状態や登山道の確認に必ず行く。

下見することで、起こりうる危険を想像し、万が一事故が起きても山の現状を知ることで速やかに対処できることに繋がる。山に一〇〇パーセントの安全はないが、情報、準備、確認をすることで一〇〇パーセントに少しでも近づけたい。対処、回避できる危険の芽を摘むため、想定できるムダな時間を短縮できるように、私は下見を大事にしている。早く歩くことはないが、「安全＝スピード」を常に意識している。行動時間が長ければ、純粋にリスクにさらされる時間が長くなると考えているからだ。

御嶽ロープウェイの鹿ノ瀬駅には八時少し過ぎに着いた。駐車場が広いのか、あまり多くの車が停まっているとは思わなかった。近くに強力さんがいて、生鮮食品だろうか、背負子にたくさんの荷物を積み上げ準備をしていた。

ロープウェイに乗り、八時四十分ごろ飯森高原駅に着き、そこでトイレの場所や降り口などガイドに来るときのための下調べをした。

　そして九月十日、十一日と火山性地震が五十回を超えたニュースを見ていたので、何か噴火に関する注意喚起の情報がないか探した。最近では熊が出没すれば、登山口に「いつ、どこで、何時ごろ出たか」という目撃情報があったりする。「噴火」なら、情報があっても当然だと思ったからだ。ガイドで登るのなら数日前から噴火に関する情報収集はするが、この日は下見と単独だったのでしていなかった。

　甘いと言われればそれまでだが、与えられる情報に慣れてしまっていたのかも知れない。調べたところで警戒レベルは一だったのでそのまま登ったと思う。ただ下見でなければ、地震が多くなっていたこの時期に、そして紅葉を楽しむ登山者の多い土曜日に、御嶽山に登ることはなかったと思う。

　目につくところに、噴火に関する情報は何もなかったと思う。私が気づかなかっただけかも知れないが、どこにも「活火山」という文字は見ていない。

　私はもともと違う日に登る予定だった。その日用事ができ、ガイドの下見を二十七日に変更した。土曜日で登山者も多いだろうし、「嫌だなー」とは思っていた。

　よくないことが起こるときには、何か虫の知らせがあるというが、何も感じなかった。普段と変わらず特に違和感もなく、九時少し前に飯森高原駅を歩き出した。

登山者は多かった。夏の天候不順でうずうずしていた登山者には、晴天、紅葉、そして土曜日という申し分のない登山日和だったと思う。

登山者は活火山だと知っている人、知らない人、警戒レベルを調べ安心材料にした人、それぞれだったと思う。そして地震の情報を知っていた慎重な登山者はそもそも御嶽山には近づかなかったのではないだろうか。登山者全員に共通していたのは、「今日噴火するわけがない」「生死を分ける危険に遭うわけがない」という警戒感の欠如だったと思う。

こうした最高の条件のなかで、私自身が「噴火」を想定することはまったくなかった。

登山者は楽しそうにグループで登っている人が多かった。全盲の人をサポートしながら登っているグループ、荷物を担いだ強力さんや、めちゃめちゃ彫りの深い外国人。「どこの国の人かなー」、そんなことを漠然と考えていた。登山者が多いといろいろな人がいておもしろかった。ＮＨＫの取材スタッフもいた。

私は、登山者の装備や服装、ザックのパッキング、ストックの使い方、話し方など、人間観察が大好きである。それはきっとガイド山行のとき、お客さんがどんな人なのか早めに知りたいと思うからだと思う。

統率ができなければ安全登山とはほど遠い。装備やパッキング、挨拶したときの返し方など注意深く観察すると、いろいろ見えてくる。人柄やどのくらい山に登っているのかもなんとなく分かる。

登りはじめは「登山者が多くて嫌だなー」と思っていたのだが、人間観察をしていると割と楽しかった。何より登山道のナナカマド、ダケカンバの紅葉がとても綺麗だった。気候も暑くもなく、寒くもなくちょうどよかった。

九合目手前でガイド中の仲間の先輩ガイドに会った。「山頂はすごい人だよ」と言っていた。山頂はガスがかかっていて見えなかったが、「九合目より上は晴れているから」と言ってくれた。

私は以前、日本百名山「空木岳（うつぎだけ）」のガイドでテレビに出たことがあった。この番組はかなりの登山愛好者が見ているようで、よく声をかけられる。このときも先輩ガイドのお客さんと写真を撮ったり握手をしたりした。

「今度は空木岳に来て下さい」、そんなことも言ったと思う。

私は剣ヶ峰を目指し、先輩ガイドは飯森高原駅を目指して別れた。

このころ、九合目付近は下山するツアー登山の団体、これから頂上を目指す登山者で、すれ違いも大変だった。登山道はごった返していた。私は、頂上手前の黒沢十字路から巻道を通り八丁ダルミに出た。

出張中の夫から電話がかかってきた。

「今から電波通じない所に行くから……」

「今、御嶽山。もう少しで頂上だよ」

「今日、御嶽山行くって言っていた？　まあ気をつけてね」

「了解」

そんな会話をした。

携帯電話が普及しはじめたころは、なかなか山での通話は電波が弱くてできなかったが、今はかなりの山域で自由に会話ができるようになった。

天気はいいが、やはり九月の終わりで気温も低い。立ち止まって電話をしていたので、少し冷えてしまった。ジャケットを着て王滝頂上山荘に向かった。

頂上山荘でトイレの数や売店の品などを調べた。ここで休憩しようと思ったが、あまりの人の多さで場所もなく、再び八丁ダルミを経て剣ヶ峰を目指した。

八丁ダルミにある「まごころの塔」「御嶽教御神火祭斎場（ごしんかさいさいじょう）」は相変わらず怖かった。しっかりとした石の台座でとても大きく、それが標高三〇〇〇メートルの吹きっさらしにある。登山者はきっと皆びっくりすると思う。

信仰の山なので登山道のいたる所に塔婆や石碑やお地蔵さんがある。それが霊山・御嶽山の特徴でもあり歴史でもあるが、私は苦手だった。天気がいいときはいいが、視界が悪いときや雨のときはやっぱり怖い。王滝頂上からほぼ平らで歩きやすく、「まごころの塔」と「御嶽教御神火祭斎場」は二〇〇メートルほど来た所に位置する。

ここから直角に三〇〇メートルほど急な登山道を登ると剣ヶ峰である。森林限界を超えているので遮るものは何もない。視界がいいと、王滝頂上から剣ヶ峰がよく見える。

八丁ダルミでは、地獄谷から火山ガスの臭いはしていたが特別危機感をもつことはなかった。

「活火山だし、こんなもんだろ」と、単純に考えていた。

十一時三十分。八十二段のしっかりとした石の階段を登り、剣ヶ峰に着いた。到着時間をメモ帳に記した。

奥社の広場には御嶽山の看板を背後に記念写真の順番待ちをする登山者の列ができていた。ここから撮る写真はバックに日本で一番高い所にある池、二ノ池が入る。よい景色である。

私は、とりあえず三角点を触ってみた。広場だけでも五十人ほどの登山者がいたと思う。

一段下りた岩場や祈祷所の裏の岩場には、簡易ストーブで湯を沸かしカップラーメンや温かい飲み物を準備する人、おにぎりをほうばる人、靴を脱ぎくつろぐ人、お昼前、晴天の頂上でよくある光景だと思う。楽しそうな会話や笑い声があちこちから聞こえてきた。

見た感じ、圧倒的に若い人が多かった。子どもの姿もあった。

雲の切れ間から南、中央アルプスの山並みも見え出し、歓声が上がる。一斉にカメラを向ける登山者。それぞれが晴天の山頂を満喫していたと思う。

私は、これから歩くお鉢廻りの一ノ池外輪と一ノ池、二ノ池の地形を見ていた。

剣ヶ峰には田の原から日帰りで学生をガイドしたことは何度かあったが、ここ十年は一度も御嶽山には登っていなかった。

晴天ではなかったので、剣ヶ峰からの山頂部の景色は記憶になかった。お鉢廻りも行ったが、ガスっていたので視界がないなかを歩いただけだった。だから地形を見るのは今回が初めてだった。この時期でも二ノ池の斜面には雪渓が残っていたが、一ノ池に雪渓はなく、カラカラに乾いているのを見ていた。

標高三〇〇〇メートルの山の上がこんなに広いことに驚き、純粋に「凄い景色だな

噴火当日の午前8時ころの八丁ダルミ。
写真中央は「まごころの塔」と「御嶽教御神火祭斎場」、左奥に剣ヶ峰。
この時間は快晴だった

11時ころ、噴火前の、「御嶽教御神火祭斎場」。
ちょうどガスがかかり視界がなかった。
右端に携帯で連絡する筆者が写っている

ー」と眺めた。

　登山者も多く賑やかだったので、十一時四十二分、祈祷所脇を通り抜けお鉢廻りに歩き出した。二〇〇メートルほど先を、男女二名の登山者が間をあけることなく同じペースで歩いていた。

　噴火前、歩いている私は異変を感じなかった。落石もなかった。前兆と言えるものは特に何も感じなかった。焼岳の長老に聞いたことがあるが、噴火前は地熱が上がり登山道が蛇だらけになるという。蛇も一匹も見ていなかった。

　お鉢廻りは剣ヶ峰から地獄谷の脇を一度下り、そこから一ノ池の外輪に登り返す。出だしは岩場があるが、少し下ると外輪の稜線手前まで岩がない。歩きやすいと言えば歩きやすいが、逃げるところがないと言えばない。私はポケットに手を突っ込みながら下っていた。登り返しの外輪の稜線手前、剣ヶ峰から三五〇メートルほど来た少し平らになる所で、単独の男性に「こんにちは」と挨拶をして道を譲った。それまで誰も追い抜いてはいない。そして誰にもすれ違っていなかった。

　この時間、剣ヶ峰は大勢の登山者で賑わっていたが、お鉢には登山者は数えるほどしかいなかった。

十一時五十二分、一回目の噴火

十一時五十二分。私が、その男性とすれ違って十秒もしないときに背後から「ドドーン」というあまり大きくない低い音がした。私は瞬間的に「きっとすれ違った男性が写真を撮ろうとし、岩の上にでも乗って岩ごと転がり落ちたのかな」、そんなことを考え振り返ると、とんでもない光景が広がっていた。

剣ヶ峰の右奥に、見上げるほどに立ち昇った積乱雲のような噴煙と青空一面に放り出された黒い粒を見た。

押し込められた地下から、突然、噴き出し、自由を手に入れ命を宿したかのような噴煙は、縦にも横にも急激に広がっていく。それは誰にも止められない、自らの意思を持った生き物のようだった。

見た瞬間、「噴火した。嘘だろ」、そう思った。

すれ違がった男性がすぐ下にいた。

「噴火した。逃げろ」

そう叫んだ。

私が振り返り噴煙を見たのは、数秒だった。立ち止まり噴煙を眺めていることも写真を撮ることもしていない。すぐ命を守る行動に移った。

＊

十一時五十二分。お鉢の外輪手前で噴煙を見た私は、一瞬、「あれ、噴火の対処法ってなんだっけ」と思った。雪崩や雷、落石など山で想定できる危険への対処法はそれとなく知っている。だが「噴火」の対処法は聞いたことも本などで読んだことも、まして考えたこともなかった。しかし、一秒のロスも許されない危険な状況だと判断した。急激に発達する噴煙は理屈抜きに危険が迫っていることを察するのに、十分過ぎるほどの存在感があった。

このとき、自身の山行や、救助隊で身につけた、「今できること」「できないこと」「するべきこと」「するべきではないこと」そして何より「死なないこと」が明確となり、生きるための思考回路に切り替わり、体が勝手に動いた。本能だったと思う。考えている暇などなかった。

空に放り出された岩はいずれ落ちてくる。とりあえず落石から身を守る対処法をした。

登山道脇の岩に張りつき、できるだけ小さくなった。私がやっと隠れるそう大きくない岩だった。もっと大きな岩のほうがよかった。登山道を五、六メートル移動して隠れ直した。その岩もたいして大きくはなかったが、張りつき頭を抱えた。すれ違った男性が登山道を駆け上がり、隣に身を伏せた。それと同時に、視界を遮る強烈な腐卵臭のするガスに巻かれた。温泉地にある「立ち入り禁止」の箇所で、もくもく出ている、あの少し黄色味かかった濃いガスだ。

噴煙を見てから二十秒あったかどうか。

鼻につくそのガスが喉に張りつく。ガスを吸わないように我慢するが、苦しくて苦しくて吸ってしまう。酸素ではないので吸えば吸うだけ苦しくなっていく。喉を押えのたうち回る。

「もうダメだ」そう思った瞬間、風向きが変わったのかガスの臭いはするが、何とか息ができるようになった。今生きているので、そう長い時間ではなかったと思うが、このとき、一番死ぬ恐怖を味わった。一分くらいだろうか。それ以上長かったらここで死んでいた。

ガスを直接吸わないように「タオルを首に掛けておけばよかったな」と思った。

ギリギリまで息が吸えなかったので、吸えるようになってからは肩で息をしていた。

隣の男性はガスを吸ったからか、何度も吐いていた。普段そうした光景を見れば、私もつられて吐くが、このときはそれどころではないのか、大丈夫だった。

　肩で吸っていた息も落ち着き出し、男性に「大丈夫ですか」と声をかけた。

「大丈夫」

　そう返してくれた。このとき、視界はうっすらと自分たちの周りだけは見えていた。私はこの先何が起きるか分からないと思い、隣の男性に名前を聞き、自分の名前も伝えようとした。もし私が生きて帰れなくて男性が帰れたのなら、小川というガイドの女にお鉢の外輪手前で会ったと伝えてほしかったからだ。

　名前を覚えやすいように、自己紹介では「石川さゆりと一文字違いの、小川さゆりです。でも残念、音痴」そう言っている。これならきっとこんな状況でも覚えてくれるはずだ。

「名前は……」そう声に出したとき、ついに放り出された噴石が降り出した。噴煙を見てから二分弱はあった。

　その音は、説明しにくい凄まじいものだった。

　山で聞く落石の「ブーン」という音よりさらに早く、それが雨のように大量に真横に飛んでくる。想像してみてほしい。それが山肌にぶつかり、また空中で岩同士がぶつかり砕け飛び散るのを……。時速二〇〇キロとも三〇〇キロとも言われている。

これに当たれば生きては帰れない。そう誰もが容易に想像できる、そんな音である。とにかく聞いたこともない、そして聞きたくもない音である。

噴石の恐ろしさは物理的にも、精神的にも想像以上の破壊力だった。噴石が降り出したのと同時に、一度だけ剣ヶ峰方向から男とも女ともいえない「ギャー」という凄まじい叫び声が聞こえた。

「あっちもやられているのか」そう思った。

あとは噴石が山肌にぶつかり砕ける音と焦げくさい臭いがした。噴石が体をかすめ飛んでいく。生きた心地はしなかった。心もとない岩に張りつき、頭を抱え、ただただ必死に祈った。声にならない声で。

「噴火がおさまりますように。噴石が当たりませんように」そして「生きて帰れますように」。

口の中はじゃりじゃりで水分がなく、喉が張りつきそうだった。ザックを下ろし水やタオルを出すことさえ許されない。そんなことさえ命取りになるほど状況は緊迫していた。

噴火だと思い即座に行動したものの、こうした状況を受け入れることができず、何かの間違いだと思いたかった。何が起きているのか理解したくなかった。この状況を受け入れるのは死ぬことだった。目の前の恐怖に、身近過ぎる死に、すぐには順応できなかった。

このままだと死ぬ。その思いだけは強かった。

噴火から六分くらいだったと思う。十二時少し前、冷たい新鮮な空気が吹き込んだ。ガスの臭いのない新鮮な空気だった。普通に息が吸えた。今でも覚えている。最初の噴石が落ち切ったのか、噴石が止んだ。視界もあった。

立ち上がり、隣の男性に「ここじゃやられる。もっといい場所を探そう」、そんなことを言ったと思う。一瞬だけ空高く青空が見えた。私は一ノ池方面の浮石だらけの急斜面を勢いよく走り出した。「こんな所を行くの?」そう後ろで聞こえたような気がする。

振り返ると、登山道を駆け上がって行く男性の後ろ姿が見えた。単純に上がるより下がる方が早いと思ったのと、すぐ下に大きな岩の塊が目に入った。瞬時の決断だった。三〇メートルほど下ると、大きな少し前傾した岩の下に不自然に空いた小さな穴を見つけた。

「もっと大きな穴がいいな」と思ったが、とりあえず「頭が守れればいいや」と思い直し、小さな穴に頭を突っ込んだ。

一五三センチの私が頑張っても、頭と背中の半分しか入らないそんな小さな穴だった。左足は折りたたみ、両腕は無理やりねじ込んだ。どう頑張っても腰と右足は入らなかった。背中にはザックがあった。

「もっといい場所を探そう」

そう言ってから十五秒くらいである。小さな穴に頭を突っ込んですぐに、二回目の爆発があった。十二時くらいだったはずである。辺りは真っ暗闇になる。目の前にかざした手のひらさえ見えない。多くの生存者が「漆黒の闇」と表現しているが、まさにその通りである。まったく見えない暗闇のなか、噴石が飛んでくる絶望的な音や鈍い爆発音も聞こえた。そして何も見えないが、得体の知れない何かがうごめいているように感じた。

視覚がないことは恐怖を増大させ、人間をさらに追い込む。しかし、私には大した想像力がなくてよかった。

それぞれの証言、噴火の瞬間

剣ヶ峰の岡村英樹さんの証言

十一時五十二分。剣ヶ峰に、単独で来ていた岡村さんは「バラバラ、ジャリジャリ」と音のする地獄谷を覗き込んだ。

突然、ものすごい勢いで黒と灰色の混じり合った噴煙が地獄谷を這い上がってきた。それに続き「ドドーン」という爆発音が何度かした。

剣ヶ峰では、一瞬、何が起きたか理解できない状況のなか、登山者の「噴火した。逃げろ」という言葉が飛び交っていた。悲鳴を上げて多くの登山者が逃げ惑っていたという。

そのとき、すでに何人かは祈祷所のひさしの下にぴったりと身を寄せていたようだ。お鉢廻りに向かう登山道から外れた祈祷所裏の岩場でお昼を食べようとしていた三人組は、「パーン」という音を聞き、地獄谷から噴石が飛び出すのを見た。何も持たずに祈祷所の脇を走り、剣ヶ峰の広場に着くと、早い段階で祈祷所のひさしの下の壁に貼りついた。三人は、御嶽山が活火山であるということと過去の噴火も知っていた。

11時52分57秒、突然、噴火した御嶽山。
剣ヶ峰の祈祷所前で、
大きな噴煙が認められた

11時53分11秒、
14秒後の剣ヶ峰頂上。
噴煙はますます大きくなった

岡村さんも祈祷所の脇を走り剣ヶ峰の広場に着くと、祈祷所のひさしの下に身を寄せた。多くの登山者がひさしの下に集まり出した。しかし、そこにいた登山者全員が十分に身を隠す場所は剣ヶ峰にはなかった。

鍵のかかった祈祷所のひさしの下だけが、唯一、登山者を守ってくれた場所だった。最初「パラパラ」という雨音のようだった火山灰は、次第に「ガーン」「バーン」と音を変え、凄まじい勢いで剣ヶ峰を襲い出した。そして急に暗くなり、火山ガスの腐卵臭で息苦しくなったという。

林禎和さんの証言

十一時五十二分。剣ヶ峰から三〇メートルほど下の二ノ池につづく登山道脇に、単独で来ていた林さんはいた。お昼のカップラーメンができるのを待っていたとき、「ドドド」という爆発音を聞いた。

地獄谷の方向に、真っ白な天高く立ち昇る噴煙を確認した。

すぐには自分の所にくる気配は感じなかったが、ザックを持たず登山道に飛び出した。しかし、走りにくい。手には、なぜかとっさにカップラーメンを大事そうに持っていたという。すぐ「これは置いていこう」と思い、岩の上にそっと置いた。とっさ

11時52分、噴火直前の剣ヶ峰を登山道から写す。
御嶽頂上山荘の手前に林さんが写り、
頂上にも多くの登山者がいた

11時53分28秒、まだ噴煙に呑みこまれていない剣ヶ峰。
登山道にいる登山者にも危険がさし迫っているが、
緊迫感は感じられない

の緊急事態に人間のとる行動は、冷静に考えると不思議だ。

時折、立ち止まったり、振り返りながら、二ノ池方面に続く登山道を走って逃げた。大きな音がしたので、振り返ると大きな岩が舞い上がっているのが見えた。

林さんは、一眼レフカメラのレンズを噴煙に向かって肩に置き、動画を撮影しながら逃げた。

時間はいつも正確に合わせている。

その動画には剣ヶ峰の鳥居が、十一時五十六分三十二秒まではっきりと見えている。そして十一時五十五分、噴石が降り出した。

林さんは、頭と両肩が隠れるほどの岩に頭を張りつけ、小さくなった。大量の岩が、目にも止まらぬ速さで降り注ぎ、地面に叩きつけられ弾け飛ぶ。戦争映画の機銃掃射そのものだった。十一時五十八分三十八秒。噴石が飛び交うなか、ついに噴煙に呑み込まれ視界を失ったという。

八丁ダルミの佐藤敏満さんの証言

十一時五十二分。八丁ダルミの「まごころの塔」と剣ヶ峰山荘の真ん中くらいに、単独で登っていた佐藤さんはいた。誰かが「八ヶ岳が見える」と言った。自然にその方向を見ると、それまで雲に覆われて見えなかった遠くの山並みの雲がとれ、見えるようになっていた。

ザックを下ろし、遠くの山並みを撮影していた。そして誰かが「なんだ、あれは」と叫んだ。

振り返ると白いガスに交じって、灰色の噴煙が上がっていた。爆発音は聞いていない。活火山とは意識していなかったが、とんでもない危険が迫っていることは分かった。反射的に噴煙の写真を二枚撮り、ザックをつかんで一番近い岩陰に飛び込んだ。灰色の噴煙のなかから、無数の石がこちらに向かって飛んでくるのが見えた。

あっという間に真っ暗闇となった。噴煙を見てから十秒あったかどうかのわずかな時間だったという。暗闇になるのと同時に、噴石、熱風、背中には熱い火山灰が容赦なく降り注いだ。口のなかは火山灰で一杯になった。

十一時五十二分。「まごころの塔」周辺でもあっという間に真っ暗闇になった。「ドン」という音がかすかに聞こえたようだ。周辺にいた登山者は、「まごころの塔」と「御嶽教御神火祭斎場」の台座に逃げ込んだ。同じく暗闇のなか、噴石と火山灰、熱風にさらされていた。

熱風は呼吸し難いほど熱く、長く続けば窒息死を覚悟させたという。

奥の院の男性の証言

十一時時五十二分。王滝奥の院の男性は地獄谷展望台の岩の上に座り、いれたてのコーヒーを飲んでいた。そのコーヒーの名前は「ロス・ミラグロス」、日本語に訳すと「奇跡」だった。

下から突き上げるような振動を感じ、地獄谷はガスっていたためすぐには噴煙が見えず、聞こえてきた「ガラガラ」という音は地震で崩落している音だと思った。

噴煙が目視できたのは、十一時五十四分だった。至急避難しなければと思い、簡易ストーブなど荷物をザックにしまい、噴煙に追われるような感じで王滝頂上山荘方面に移動を開始したという。

男性は動画を撮っている。十一時五十六分、噴石が飛び出し「噴火」だと確信した。五十八分、大量の火山灰が降ってきて視界を失う。熱風は来ていない。火山性ガスの臭いも特に感じてはいないようだ。

「まごころの塔」から剣ヶ峰へ行く中間付近で。
噴火20秒前の剣ヶ峰にも登山道にも
多くの登山者がいるのを確認できる

二ノ池本館、小寺祐介さんの証言

十一時五十二分。二ノ池で池の畔にいた登山者は「ドン」という音を聞き、地獄谷方面に噴煙が上がったのを見た。

小屋周辺にいた登山者が続々と避難してくる。二ノ池本館支配人の小寺さんは、まだ避難を開始していない登山者に避難を促した。

お鉢の外輪に向かう湖畔にも、数名の登山者が急激に発達する噴煙に呑み込まれそうになるなか、必死に二ノ池本館を目指し走っていた。継母岳(ままはは)方面から上がった噴煙は二ノ池から距離も近く、その勢いは正午の太陽にとどきそうな爆発的な速度で立ち昇り、登山者を圧倒した。

小寺さんは次の行動を考え、避難してきた登山者に、登山靴を履いたまま小屋に上がってもらった。

十一時五十九分。火砕流の先端は山肌をなめるように一ノ池を少し越えた所で止まり、そのあと上昇したようだ。

暗闇になる前には、周辺にいた登山者の避難はほぼ完了していた。登山者の提案で、避難している登山者の名簿を作成した。火山灰を被った登山者が、その後二名避難してきて、五十一名が二ノ池本館に避難していたようだ。

11時55分37秒、噴火した御嶽山継母岳方面から
立ち上がる噴煙。
二ノ池本館から撮影

二ノ池の渡辺時夫さんの証言

十一時五十二分。二ノ池の畔で昼食を食べ終え、剣ヶ峰に向け出発の準備をしていた八人パーティの渡辺さんは、一ノ池付近から湧き上った噴煙が大勢の登山者のいる剣ヶ峰をあっという間に呑み込むのを見た。次から次と爆発音とともに噴煙が二ノ池に押し寄せ、噴石が二ノ池の斜面に機関銃のように叩きつけ、山肌からは白煙が上がっていた。一度は二ノ池本館に避難したが、二ノ池のガレを滑り降りてくる火山灰を見て、ここでは危険と判断し、二ノ池本館を出て、火口から離れる五の池小屋を仲間八人と目指したという。

漆黒の闇、二回目の噴火

十二時ごろ。私のいたお鉢では、漆黒の闇のなか、冷たい空気と生暖かいガスが絶えず来ていた。最初に嗅いだ強烈な腐卵臭ではなく、独特の火山ガスの臭いはしていたが、あまり気にしなかった。

タオルをザックから出すことができず、襟を引っ張り出し口元に当てて呼吸をしていた。視界はないが、細かい火山灰が舞っているだろうし、ガスをムダに吸うのはよくないと思った。

冷たい空気が来るとぼんやり三〇メートル先が見える状況だった。熱風は一度も来ていない。「熱い」と思った瞬間は、私のいた場所ではこの先も一度もない。

「ドーン」という爆発音の後、噴石が暗闇のなか、絶望的な音を立て雨のように降ってくる。岩がぶつかり砕け、四方八方に飛び散る。隠れていない右足に「バチバチ」当たる。「右足はダメかな」と思った。二つほど「痛っ!」というやつが当たった。岩が当たるスピードが速すぎて、痛みを感じるのに時間差があった。とんでもない緊張状態にあったので、気がつかなかっただけで、家に帰って見てみると右足の外側はアザだらけだった。腿には真っ黒な跡があり血も滲んでいた。幸いダイレクトで飛んで来た噴石には当たっていない。当たっていたら血が滲むだけでは済まされないだろう。

もう自分の足で山に登れなくてもいい。生きて帰れればそれだけでいい。このときの私は、謙虚にそう思っていた。

噴石と一緒に小さな石の粒がざんざんと降り出し、あっという間にしゃがんでいる腰まで埋まった。熱くはなくちょうど砂風呂に入っているようだった。その温度は悪くはなかった。

噴煙を見てから、二十分くらいが経ったであろうか。状況は目まぐるしく変わる。この先の展開がまったく分からず想像できないこと、前例と情報がないことが何より恐怖だった。ただ、自分の判断が最善だと信じ、祈るだけだった。

「まだ生きている」、そう声に出して、生きていることを確認していた。

突然放り込まれた地獄の闇を生き抜くには、自身の五感と理屈抜きの直感だけが頼りだった。

火山灰に埋まったことで、噴石は飛び散らなくなっていった。サラサラの灰を手が届く範囲で集め、さらに右足と腰を埋め噴石に備えた。今できることはどんな些細なことであってもやりたかった。それが「生きる」ことに繋がるのなら、どんなこともムダではないと思った。

このとき、素手だったが火山灰は熱くはなかった。

たまにぼんやり見える灰色のなかで、新雪に石を投げたように噴石は火山灰に吸い込まれ消えていった。相変わらず、火山灰に隠れていない岩に噴石が当たる音や、近くを飛んでいくとんでもない音はしていた。

噴石の破片が当たらなくなり、少し落ち着いてきた。そう、私は噴火に順応してきた。

暗闇のなかで考えていたのは、最初は恐怖と悔しさだった。暗闇のなかを飛んでくる噴石の、空気を切り裂くような凄まじい音は、死を覚悟させるには十分すぎる。怖くて、怖くて仕方なかった。この恐怖を何とか抑え込み、平常心を保とうと必死だった。

そして、私は活火山に登っていながら噴火をまったく想定していなかった。その噴火で今、なす術もなく一人暗闇のなかを、恐怖と闘っている。山で死なないために経験、技術、知識を身につけようと、山行を重ねて来ていたのに、滑落でも、雪崩でも、登攀中の墜落、落石でもない、まったく想定外の噴火で絶体絶命に追い込まれている。

った。
「噴火」という自然現象に完全に足元をすくわれた。危険に対する想像力が足りなか
「噴火かー。活火山だしな。でも、なんで今日なの」
この日、御嶽山に登っている自分自身の運の悪さも悔しくてたまらなかった。
そして何より、死んだら「運が悪かったね」、そんなあたりさわりのない言葉をか
けられることを想像したら、悔しさを我慢できなくなってきた。
そんな感情も、時間の経過につれ変わっていった。悔しさは「生きる」ことへの執
着心となった。
「有毒ガスさえ来なければ、噴石を凌ぐことができれば何とかなるかな」。とにかく
ケガをしないことは絶対条件だと思った。ちょっと前まで「右足はダメかな」と思っ
ていたのに、噴火に順応してきたら欲が出てきた。
ここで動けなくなったら、小屋もない、登山者もいない、すべて自身で解決できな
ければ生きて帰れない。そう思った。
この状態はいつまで続くのだろうか。
「水と、温かい紅茶もある。装備と食糧、数日ならここで凌げる」
生きて帰ることだけを強烈に意識し続けた。そうしなければ得体の知れない恐怖に

呑み込まれてしまいそうだった。その恐怖の正体は、目の前に迫っている死だったと思う。言葉で語るよりも、理屈でもなく身近すぎる死を、五感が、私の本能が感じ取っていた。ただ身近なだけで、死ぬことを受け入れる気はもちろんなかった。

とにかく死にたくなかった。人間いつ、どこかは分からないが必ず命尽きるときが来る。しかし、私の命尽きるときは今日ではない。そして御嶽山ではない。山では絶対に死にたくなかった。

よく世間は山好きが山で命を落とすと「好きな山で死ねて本望」とか言うが、そんなわけがない。山が好きであればあるほど、山では死ねない。山ヤはきっと、そう思うのではないか。生きて帰るために、最悪の状況であろうと、生きることを諦めず、精一杯の抵抗をするのではないか。山に踏み込んだからには、自力で生きて帰らなければいけない。何がなんでも、ここでは死にたくなかった。とにかく死ぬわけにはいかなかった。

しかし、どれほど考えてもすべての主導権は山にあり、噴火が終わらなければ視界もなく、チャンスすらないことは分かっていた。視界がないなか、恐怖に耐えきれず飛び出すのは自殺行為だ。いつ来るか分からないがチャンスは必ず来る。生きてさえいればチャンスは必ず来る。

心を強く持とうとしても、噴石の飛んでくる絶望的な音を聞くと、「登山道から外れているけど捜索隊は見つけてくれるかな」「マグマが来たら終わりだ。熱いだろうな」そんなことも頭をよぎった。

「夫にもう一度会いたいな」「気をつけてね」そう言って電話を切った声を思い出したら、急に苦しいほど悲しくなった。切なくなった。左手の指輪を強く握った。涙はこらえた。「悲しい」という感情は、このときなんの役にも立たない。弱みを見せたら負けのような気がしていた。

メモ帳に遺書みたいなものを書こうかと考えたがやめた。書いたら本当に死ぬんじゃないかと思った。それにズボンのポケットにあるメモ帳を出すのには、隠れている小さな穴から肘が出てしまう。噴石が当たるかもしれない。メモ帳を取り出すことさえ今は「するべきことではない」と判断した。

書くならなんて書こうかと考えたが、ろくなことが浮かばない。人間は非日常に遭遇すると、割と下らないことしか思い浮かばないのかもしれない。

私に関しては走馬灯が故障していたのか、下らないことのみ思い浮かび情けなくなった。感謝の言葉は出てこなかった。ひと言も出てこなかった。それは生きて帰ると決めていたからだと思う。

恐怖に呑み込まれそうになる弱気な心と、「絶対に生きて帰る」と思う強気な心が、このとき私のなかで、ぐちゃぐちゃになっていた。

そして三回目の爆発が起きた。場面が変わる顕著な爆発という意味で、爆発音は何度もしていた。時間はおそらく十二時三十分くらいだと推測する。

剣ヶ峰の岡村さんの証言

十二時ころ、剣ヶ峰でも暗闇のなか熱風とガス、そして噴石が容赦なく登山者を襲っていた。そこにいた誰もが強烈に死を覚悟したのではないか。

暗闇のなか、雷が「バリバリバリ」と響きわたり、べた雪のような火山灰が降ってきた。

漆黒の闇のなか絶望的な時間だったと岡村さんは言う。生存者の証言を照らし合わせると、十二時二十分ころには、噴火はひと段落し薄明るくなってきたようだ。見えたのは灰色の世界だった。

噴石を凌ぎ、ここで行動できる登山者は行動に移った。十三人はガラスを割った窓から祈祷所に逃げ込んだ。灰で埋まった階段を下り、頂上山荘に逃げた登山者もいたようだ。そしてそのまま軒下に残った登山者もいた。

火山灰はサラサラで、埋まった登山者を掘り出すことも困難だった。祈祷所の軒下の少し先には四〇センチくらいの噴石が刺さっていた。

軒先に入れなかった登山者は、噴石に倒れ、火山灰に埋まってしまった。

林さんの証言

十二時ころ、剣ヶ峰から三〇メートルほど下で噴火に気づいた林さんは、一眼レフカメラで動画を撮りながら二ノ池方面を目指していた。視界を失ってからは動くことはできず、小さな岩に張りついていた。そして、さらに喉が痛くなるほどの火山ガスとジェットヒーターの前にいるかのような熱風にさらされ、噴石も飛んできていた。まさに地獄のなかにいた。

熱風は息苦しく、このまま窒息死するのか、ガスの温度が上昇し続け、焼け死ぬのか、それとも噴石に当たって死ぬのか。ただ死を待つだけだった。生き延びる手段が見つからなかった。

十二時十分、事態は急変し、風向きの変化か冷たい風が吹き込み、呼吸が楽になった。頭の上で「ドドーン」という音がするが、それは爆発音ではなく火山雷だった。

火山灰を含んだセメントのような雨が降ってきた。呼吸が楽になり、熱風もおさまり、火山灰を含んだ雨が、空気中を漂い視界を遮っていた火山灰を洗い流してくれるかもしれない。このとき「もしかしたら助かるかも」と思ったという。

目を凝らすと、薄っすら黒沢十字路の道標が見え、現在地と避難小屋の方向が分かり、林さんは、走り出した。慣れ親しみ、何度も登った御嶽山の地形は頭に入っていたという。

十二時三十分、黒沢口登山道にある覚明堂（かくめいどう）に飛び込んだ。小屋にはすでに六十人ほどの登山者が避難していたようだ。

林さんは、その後、待機してから視界も良くなった隙をみて、覚明堂よりさらに火口から離れる九合目石室（いしむろ）山荘に移動した。避難指示を待つことなく、自らの判断だった。十二時四十四分のことだった。

林さんは、噴煙を見た瞬間から全力で走っていたら、噴石が飛んでくる核心部を走り抜け、噴煙に呑み込まれる前に覚明堂に飛び込めたと思った。視界を失うまで六分はあった。とにかく一秒でも早く行動に移ることが求められていた。

八丁ダルミの佐藤さんの証言

十二時ころ、八丁ダルミの佐藤さんは、火山ガスの臭いも感じ、また温泉の熱風を浴び続けているようだったという。このままだと火山灰に埋もれるか、火山ガス、熱風で死ぬかもしれないと思った。家に残してきた家族のことを思い出した。

八丁ダルミにいた登山者は、吹きっさらしの登山道でみんな噴石、熱風、そして火山灰に埋もれながら恐怖に耐えていた。

二、三回爆発音があった後、風向きが変わり、冷たい風が吹き込んで、新鮮な空気が久しぶりに吸えた。

佐藤さんは、薄くなった噴煙の隙間から登山者が避難していくのを見ていた。佐藤さんが見たのは、「まごころの塔」と「御嶽教御神火祭斎場」の台座に逃げ込めた登山者だった。ここにいた登山者は、十二時二十分前には薄っすら明るくなり、動ける登山者は二〇〇メートル先の王滝頂上山荘に向け避難を開始している。二つの台座は、隠れるのに満足な岩がない八丁ダルミで、唯一登山者の命を守ってくれた場所だったはずだ。

奥の院の男性の証言

十二時ころ、王滝奥の院の男性は、断続的に降る火山灰のなか、噴石が飛んでいるのか判断できず身動きがとれずにいた。少し視界が開けたと思ったら、「ポツリ、ポツリ」と雨が降ってきた。頭上では雷が鳴っていた。噴石の小康状態を確認し、火山灰で登山道が完全に埋まる前に王滝頂上山荘を目指して行動した。

途中、噴石や噴煙を岩陰で凌ぎ、火山灰で登山道が分からなくなってからはＧＰＳで現在地と向かう方向を確認しながら進み、十二時四十六分、無事王滝頂上山荘に着いたという。山荘には六十人ほどの登山者が避難していた。

二ノ池本館、小寺さんの証言

十二時ころ、二ノ池本館には五十一人の登山者が避難していた。小寺さんと、もう一人の小屋番で、登山者にヘルメット、お茶、かき集めた小屋のタオルを配った。小屋の屋根にバラバラと粒の粗い火山灰が降りはじめ、剣ヶ峰方面の窓から熱風、火山灰、火山ガスの臭いが館内に漂いはじめた。火山ガスの濃度が高まるなか、換気を試みるが空気が停滞していてうまくいかない。登山者はその状況にじっと耐えていた。噴火口から約一キロ離れた本館トイレの屋根が噴石の直撃で穴が開いていたのを確認した。

外では一ノ池の外輪でガラガラと落石が続き、二ノ池に四、五回巨大な水柱が上がったのを目撃したという。噴火口からダイレクトに飛んで来た噴石だろう。

巨大な噴石、三回目の噴火

十二時三十分ころ。私のいたお鉢では、「ドッカーン」という物凄い音がした。最初の噴火の爆発音がレンジの「チーン」という音だとしたら、三回目の爆発はお寺の鐘のなかに頭を突っこみ、鐘を鳴らされたようなものだった。それほど大きな爆発音だと思った。

「かなり近い」、そして「終わった」と思った。

噴石の飛んでくる音と量が今まで以上に凄まじくなった。「殺される」、山の本気を感じた。時折ぼんやり見える視界を小さな穴から肩越しに見ていると、灰色のなかをレンジ、洗濯機ほどの黒い影が一瞬で視界から一ノ池方面に消えていった。そして軽トラックほどの黒い塊を見た。

本当にそれほど大きかったのかは分からない。このころには少々のことでは驚かなくなっていた。しかし、それを見たとき「うわっ、軽トラだ」と声に出したのを覚えている。田舎の人間の大きさの基準は軽トラだと、私は個人的に思っている。

そして笑いが止まらなかった。決しておもしろいわけではない。笑うしかない状況だった。悔しいが爆笑だった。

私はついに恐怖に呑み込まれてしまった。

「何とか生きて帰る術はないか」そう考えることで、繋ぎとめていた心が切れ、押しつぶされた。

じたばたするのを止め、人間の無力さを認め観念した。自然には逆らえない。最初から分かっていた。そうしたら何だか気が楽になり「頑張ってどうにかできる状況でもないし、噴煙を見てからの行動に後悔もない。なるようにしかならない。ここで死ぬことも含め、すべてを受け入れよう」そんな潔い穏やかな心境となった。

死を受け入れたからといって、恐怖に怯え涙を浮かべ、じっと死を待っていると思ったら大間違いである。私はそういうタイプの女ではない。完全に開き直り、腹をくくっただけのことである。腹をくくった女は向かうところ敵なし。最強だろう。

恐怖はなくなった。このとき生きて帰ることは決して諦めてはいなかった。どんなタイミングでチャンスが来るのか想像できなかったが、「チャンスが来たら絶対つかむ」という考えは何も変わってはいなかった。「生きる」ことへの執着は、何も変わってはいなかった。

相変わらず降り注ぐ噴石は、まったく現実感のない光景で、趣味の悪い映画を見ているようだった。

　暗闇のなかバックライトで時間を見ると、十二時四十三分。何度か時間は見ているが、どのタイミングか覚えていない。ただずっと暗闇だった。しかし、この時間だけはハッキリと覚えていた。剣ヶ峰を歩き出すとき十一時四十二分とメモしていたので、ちょうど一時間が経っていた。

　その時間は、長いようにも短いようにも思えた。このとき、私は長期戦も考えていたので、「これからだ。次は何だ」と思っていた。

　腹をくくった私が考えていたことは、いたって普通だった。

　翌日の燕岳のガイド山行が心配だった。すでに添乗員と打ち合わせ済みだったので、私が行かなければ登山口で待ちぼうけになってしまう。女性限定のツアーだったので、私も楽しみにしていた。連絡だけでも取れないかと考えていた。

　それと心残りがあった。前日、「明日、山に登るし、この一杯はお預け」にしてきていた。こんなことになるのなら、あの一杯の生ビールは飲んでおくべきだった。一杯と言わず好きなだけ飲んでおけばよかった。

「大きな岩が当たれば、私はその岩の下敷きになって命どころか亡骸（なきがら）すら帰れないのか。捜索隊は見つけてくれるだろうか」

そんなことも考えたりした。

チャンスをつかめるか、つかめないか。「そのとき」が勝負だった。そのときはいつ来るか分からない。

こうなったら「見れるものすべてを見たい」好奇心さえ出てくる始末だった。

自らの意思を持ったかのような自然のエネルギー、力強さを目の当たりにして、「山は生きているんだなー」「それにしても自然はやっぱり凄いなー」。腹をくくり恐怖心がなくなった私は、一生に一度、最初で最後であってほしい目の前の自然の脅威に感心さえしていた。

それでも、そんな御嶽山にひと言嫌味を言ってみた。

「なんで今日、この時間だったの？　私になんか恨みがあるの？」

予定通り家を出ていれば、八合目ぐらいまで下りていたはずなのに。暗闇の岩陰にいることが自分の定めなのかと恨めしかった。

いつ来るか分からないチャンスを、一人暗闇でぶつぶつしゃべりながらじっと待っていた。

噴石が止んできた。真っ暗闇のなか雷が横に何本も走っていた。それを怖いとは思わなかった。むしろ黒一色のなかで見るその光は、とても綺麗だった。夜空に映える花火のように綺麗だった。

剣ヶ峰方向に、今度は縦に雷が三本走った。近いと思ったが、もはや雷など怖くはなかった。暗闇のなか、目には見えないが大気が大きく揺れているのを感じた。

噴火してから約一時間。十二時五十分ころ。

最初はぼんやりと、次第にはっきりとあっという間に視界が開けた。なんだか拍子抜けした。穴から出た。ずっと無理な体勢でいたので、足がしびれてしばらく動けなかった。

目に映るその光景に息を呑んだ。

「なんだこりゃ。これは現実なのか」

剣ヶ峰、一ノ池、見えるものすべてが真っ黒だった。まったく色のない世界に一変していた。「地獄があったら、こんな感じかな」そんなことを思った。

剣ヶ峰の岡村さんの証言

十二時三十分ころ。剣ヶ峰では良好とまではいかないが視界はあったようだ。

岡村さんは、車のカギと財布の入っているザックを灰のなかから探し出していた。

わずか七、八メートル手前にあるはずのザックがなかなか見つからない。かすかに頭を出したザックを見つけるが、大量の噴石と火山灰で引っ張り出せなかった。火山灰は三〇センチほど積もり、手袋をはめた手にも火山灰の熱さが伝わってきて、一気には灰を掘れなかった。

やっと掘り出したザックのショルダーベルトは、二本とも焼き切れていた。

そして灰に埋まった登山者の救出を試みた。サラサラの灰は蟻地獄のようで、なかなか思うように掘り出せなかった。分かる範囲で四人ほどの登山者が埋まっていた。視界が失われることはなかったが、時折、噴石が飛んできては灰にささった。軒下に避難しながら様子を見ては灰を掘った。

噴石の直撃を受けたのか、頭から血を流し動かない登山者、噴石にやられたのか、ボーッと下を向いたままぐったりする登山者、震える声で電話をかける登山者。噴火前の和やかな山頂は地獄と化していた。

周りにいた登山者三人で、灰のなかからなんとか一人の女性を引っ張り出した。その姿は全身に力がなく、生きている雰囲気はまるでしなかった。

十二時五十分ころ。視界が完全に開け、十三時ころには山小屋のスタッフ三人が、剣ヶ峰に登ってきてくれた。「大丈夫ですか?」という言葉に、岡村さんは少しホッとした。

「歩ける人は下の小屋に避難して下さい」

そう促され、まだ灰で埋まった人やそれを見守る家族がいたが、小屋へ移動する決意をした。長い階段は噴火前とはまったく姿を変えてしまい、白と黒の滑りやすい急坂があるだけだった。小屋までは短い距離だが、途中どこからか吹き飛ばされた木片が邪魔をした。

入口が壊れていたが、踏み台を使い小屋に入った。小屋のなかは五十名ほどの登山者が黄色いヘルメットを被り座っていた。なかにはケガをした登山者もいて手当てや次の噴火に備え、割れた窓に板をあてがったりしていた。岡村さんは、ヘルメットが残っていなかったため、小屋番から鍋をもらい被った。

噴石も止み外も明るくなり、死に直面した緊迫感から少しだけ解放されて余裕が出てきたのか、家族や友人に連絡を取る登山者もいたという。

八丁ダルミの佐藤さんの証言

十二時三十分ころ、八丁ダルミの佐藤さんは両手で抱えていた後頭部に石が当たった。

幸い大きな石ではなかったが「このままだとまずい」と思い、後頭部から背中にかけてザックでカバーをし、岩にぴったりと身を寄せた。灰は四〇センチほど積もり腰のあたりは灰で埋まっていた。積もった灰で噴石の音はしなかったが、近くに落ちた噴石だけが「ズン、ズン」と響いていた。

周りの安否を確認していた登山者の声は聞こえなくなっていった。

佐藤さんの左足、肘にも噴石が何個か直撃した。右足の甲に足が砕けたかと思うくらいの激痛が走った。しかし後頭部をザックでカバーした退避姿勢を崩すわけはいかず、必死にその姿勢で痛みをこらえた。

次第に噴火はおさまり視界も広がって、王滝頂上山荘に避難する登山者も見えた。しかし、噴石の落下はまだ続いていた。

二ノ池本館、小寺さんの証言

十二時三十五分ころ、二ノ池本館の小寺さんは、登山者を黒沢口登山道にある九合目石室山荘に避難させるチャンスを伺っていた。

自分以外の命を預かる経験は初めてだったが、最初から二ノ池本館に留まる判断はなかった。噴火がその後どうなっていくか分からない状況のなか、少しでも迅速に噴火口から離れることだけを考えていた。視界は良好とまではいかないが、登山者が歩くのには十分だったという。噴石が飛んでいくのを確認したため、少し待ってから先頭を小寺さん、五十一名の登山者、そして最後尾を小屋番ではさむ形で本館を後にした。

噴火は天災であっても、避難誘導しているときに噴石が登山者に当たれば人災になる。小寺さんはそう思っていたので、生きた心地がせず、緊張感を持って登山道を進んだ。灰は五センチほどで、十三時十九分、全員無事に九合目石室山荘に到着した。すでに石室山荘には六十人ほどの登山者が避難していたという。

ったた。

必死の疾走

十二時五十分ころ、私のいたお鉢は不気味なくらい静かだった。剣ヶ峰にのろしのような黒い雲がかかり、ゆらゆら揺れていた。気持ちの悪い雲だった。

私は、噴火が終わったとは思っていなかった。次の爆発までに「全身の隠れる岩を見つけたい」、ザックの雨蓋から手早くサングラスと手袋を取り出して身につけ、行動に移った。水も飲みたかったが、「隠れる岩を見つけてからでいいや」と思った。

「するべきこと」の優先順位は、次の噴火に備え全身が隠れる岩を探すことだった。外輪の稜線に登山者が見えた。一ノ池の斜面では膝上おそらく五〇センチは火山灰が積もっていた。それは二、三ミリの石の粒で、手ですくうとこぼれ落ちるサラサラのものだった。「黒い新雪」そのものだった。不思議な感覚だった。稜線まで八〇メートルくらい、岩場を両手を使いながら駆け上がると、大きな岩に張りつくように、男性二名、女性一名の登山者がいた。そして剣ヶ峰方向の岩陰から男性一人が来た。

ここで私を含め五人の登山者が生きていた。

男性一人はボーッと座っていた。「地獄ですね」と声をかけると、感情のこもっていない声で「地獄だね」、そう返してくれた。

女性は痛いでも、怖いでもなく、足を投げ出し膝のあたりをさすって泣き叫んでいた。パッと見たところ足に大きな変形はなかった。ズボンに血がにじんでいる様子もなかった。横に立っていた男性が、「噴石が当たって脛(すね)が折れたみたい」と教えてくれた。

剣ヶ峰方向の岩陰から来た一人の男性は噴火直後、私の隣にいた男性だと思う。そうであってほしいと今でも思っている。

「隣にいた方ですよね?」

そう聞けばいいのだが、「違う」と言われるのが怖いので言い出せなかった。違うと言われれば、ここにいないということは、最初隣にいた男性は噴石を凌ぐことができなかったことを意味する。ただ顔は灰で真っ黒で目しか分からなかったが、帽子と服装で隣にいた男性だと思った。男性は「小屋に行きたい」と言っていた。私は小屋なら火口から離れた「二ノ池本館か新館がいい」とアドバイスした。

泣き叫ぶ女性に横で立っていた男性が、「生きて帰りたいのならしっかりしなさい」と、大きな声で檄(げき)を飛ばした。

あの恐怖である。泣き叫びたくなるのも分かる。

私は彼女の横に行き、彼女を強く抱き締めた。この先どうなるか私自身分からないが、「大丈夫、大丈夫。噴火は終わるから」そんなことを言った。他に思いつく言葉がなかった。自分にも言い聞かせるように少し大きな声で言った。「助かって」そう思いを込め、願いを込めて強く抱きしめた。

そしてそこから立ち去る前に、男性三人にケガはないか聞いた。三人それぞれが「ケガはしていない」と返してくれた。

私がここにいたのは、二分もなかったと思う。登山者四人の現状を確認しただけだった。

このときも剣ヶ峰にかかった黒い雲が、風で一ノ池を覆ったりしていた。登山者に会って安心したが、私は、噴火が終わったとは思えなかった。

このとき、私の「するべきこと」は「自分の命を守ること」、つまり生きて帰ることだった。

ケガをした女性が気になったが、「助けたい」という気持ちだけでどうにかできる状況ではない。非常事態のなか自分の力量も承知していた。そして何よりケガをした女性は大きな岩陰にいた。このとき、小屋のないこの場所では、大きな岩陰は一番安全だった。

「今は女性を動かすべきではない」と判断した。何より自分が隠れる場所がここにはなかった。

私は稜線から全身が隠れる岩場を探し、一ノ池方面に下っていった。振り返ったが、「小屋に行きたい」と言っていた男性はついては来なかった。私は急な斜面を足をケガしないように慎重に、かつ大胆にかかとを使いかなりのスピードで駆け下りた。膝上まで積もった灰は、新雪のなかを走るように私にスピードをくれた。

その結果、調子に乗り過ぎた。隠れるのにいい岩を見つけることができず、稜線と一ノ池の中腹、岩場の最終ラインまで下ってしまっていた。

セメントのようなべたべたした雨が降ってきた。心もとない岩陰で少しでも体を隠せるように灰を掘って隠れ、雨具の上だけを手早く着た。セメントのような雨はすぐに止んだ。

稜線まで登り返すのは嫌だった。疲れるからだ。

一ノ池がカラカラに乾いていたのは、噴火前に見ていた。一ノ池を突っ切れば、最短で噴火口から離れられる。しかし、再び噴火すれば隠れる所が何もない。死ぬかもしれない。その距離、二ノ池のガレまで四〇〇メートル弱。視界良好。気合十分。体

被災した地点(×印)と、
一ノ池を横切って避難したルート
国土地理院HPより

力、技術あり。

稜線を見上げ、一ノ池を見て、もう一度稜線を見上げ、次の瞬間、二ノ池のガレ目がけて飛び出した。

「マジか？」その行動に自分自身が驚いた。

「行ける」というより、飛び出した以上行くしかない。全力で走った。この行動に賭けた。

「直感」そんなカッコいいものではない。噴火のど真ん中にいながら、噴石の怖さを目の当たりにしたくせに、この期に及んで「自分は大丈夫」、どうせそう思ったのだろう。

突然、私のポンコツ魂に火がついた。「何とかなるだろう」これはどうにもならない私の性格だと思う。

もちろん単独だったからできた、斬新かつ大胆な決断である。

セメントのような雨が靴の裏につき、そこに火山灰がつく。靴が重く高下駄のようになる。ちょうどアイゼンに雪がつき「だんご」になるのとまったく同じである。白か黒かの違いだけである。一ノ池も膝ぐらいは灰があった。レンジくらいの岩がいい間隔に火山灰に突き刺さっていた。その岩を蹴り上げ、灰を落とした。立ち止まる時間も惜しく走りながら灰を落とした。

なぜか岩を蹴り上げるとき「コーノヤロー」と言って蹴っていた。普段から口はかなり悪い方である。大きな声を出すと力が全身に漲っていくようだった。

「こんな岩が飛んできていたんだ」と思うと、ゾッとした。

そして今現在、その危険地帯にまだ自分がいることは承知していた。

「噴火するなら、ちょっと待ってて下さい。せめて二ノ池のガレに行くまでは」

そこは丁寧にお願いしながら岩を蹴り上げ、灰を落としながら必死に走った。

走っているとき気がついたが、一ノ池の半分くらいまでは岩は目星をつけなくてもいい間隔で灰のなかに転がっていたが、半分を過ぎると灰を落とすのにいい大きさの岩がなくなってきた。膝まであった灰も脛くらいになった。二ノ池のガレ手前は灰を落とす岩がなく、高下駄のまま走った。二ノ池のガレで身を隠す岩がないか見たが、いいのがなさそうだった。

空を見たら、薄っすら青空も見えてきた。

「噴火終了」そんな希望的観測をした。

一気に、二ノ池本館まで急なガレの斜面を三〇〇メートル弱行こうと決めた。

私は勢いでここまで来てしまったが、稜線で会ったケガをした女性が気になっていた。ヘリがすぐに救助に来るとは思わなかったが、とにかくケガ人がいることと、その場所を伝えたかった。

二ノ池のガレを笛を吹きながら下っていった。早く気づいてほしかった。二ノ池本館は向かって右側のドアが開いていたが、誰も出てこなかった。すでに五の池小屋か石室山荘に向けて避難を開始したあとで、小屋には誰もいないことを察し、二ノ池本館ではなく、ロープウェイ駅につづく黒沢口登山道目指し進路を変えた。二ノ池のガレでは、灰は黒ではなく灰色だった。そして灰の量もくるぶしくらいになっていた。

登山道に出た。誰の足跡もなく「この辺にいた登山者は皆うまく避難できたんだ」と思った。登山道脇の岩陰に隠れ救助要請をしようとしたが、携帯電話の電源を切っていたので電源が入るまで長く感じた。異変がないかお鉢方面を見ていたが、噴石が再び飛んでいる様子はなく異変はなかったと思う。

またセメントのような雨が降ってきた。携帯電話の画面がベタベタになってしまったので救助要請は諦め、とりあえず黒沢口登山道にある覚明堂を目指し登山道を走った。「小屋に行けば遭対無線があるだろう」登山道には灰が薄っすら積もっているだけで道は分かりやすかった。

十三時十分ころ、私は覚明堂に飛び込んだ。登山道は黄色いヘルメットを被った登山者で長い列ができ、ロープウェイ駅を目指し下山がはじまっていた。

覚明堂では、小屋番四人が灰をかき出していた。登山者は一人もいなかった。

ここで小屋番にケガをした女性の救助要請をしてもらった。私はてっきり小屋には警察に直接繋がる遭対無線があると思ってお願いしたが、御嶽山にはないらしく電話をかけてくれていた。一斉に多くの人が電話をかけていたらしく、なかなか繋がらない様子だった。

噴火の様子を小屋番に伝えたが、これまでの状況が覚明堂とはあまりにも違うのか、かなりの温度差を感じた。このとき、まだ剣ヶ峰からの登山者は誰も下りてきてはいなく、核心部から生きて帰ってきた登山者は私が一人目だった。

小屋番は、私の言葉を信じたくなかったと思う。頂上周辺は想像以上に残酷な状況になっていた。そのことを長年近くで御嶽山を見守ってきた小屋番は、目の前の事実として受け止めるにはもう少し時間がほしかったのかも知れない。しかし現実は非情であった。

私はここに来て「助かった」というより、「生き抜いた」と感じた。そして「ホッ」とした。

私は登山道ではない噴火口から離れる最短ルート約一キロを疾走してきたので、稜線で会った四人の登山者しか見ていなかった。途中、ケガをした登山者、噴石に倒れた登山者を誰一人見ていなかった。そういった意味では本当の地獄は見ていない。

夫に電話をかけたが、電波の届かない所にまだいるらしく、繋がらなかった。山の師匠に電話をかけたが、彼の都合で止められていた。他の師匠に電話をかけたが、そちらも緊急事態が起きているようで忙しそうだった。空木岳駒峰ヒュッテで小屋番をしている母に電話をかけたが、ちょうど宿泊の登山者が大勢到着しているらしく「忙しい」と言われ、御嶽山が噴火したことも冗談だと信じてもらえず、電話を切られた。これは、私の普段の行ないからくるものだろうか。ヒュッテのテラスから御嶽山は綺麗に見えるが、このとき御嶽山だけが薄い雲に覆われて噴煙も分からなかったらしい。

途中で会った先輩ガイドに電話をかけた。きっと時間からいって私が頂上にいたと心配していると思った。電話すると、噴火後運休前のロープウェイにギリギリ乗れたらしく、窓に着く火山灰を花粉か何かだと思っていたらしい。鹿ノ瀬駅で噴火を知ったが、大したことないと思っていたようだった。噴火は大変であったが、私は無傷で生きていることを手短かに伝えた。

先輩ガイドがバスのなかでお客さんに「小川ガイドは無事だった」と伝えると、電話越しにお客さんたちの拍手が聞こえた。

その拍手は本当に嬉しかった。心にしみた。

きっと、私が電話した人が通じなかったり、忙しかったりで、私は言ってほしかった言葉を聞いていなかった。この電話越しの拍手は「生きていてくれてありがとう」そう聞こえたのだと思う。それは私が暗闇のなかで、生きて帰れたら一番に言ってほしかった言葉だった。

このとき、生きて帰って来られた実感はまだなかった。短い時間に想像を絶する状況がいろいろあり過ぎて、現実を受け止めきれなかった。それに、これからさらに噴火口から離れるため、山を下りなければいけなかった。

奥の院の男性の証言

十三時ころ、王滝頂上山荘に避難した王滝奥の院の男性は、王滝口登山道を田の原に向けて下山開始した。小屋では役場と無線連絡をしていたが、最終的に下山の避難指示をしたのは小屋番の判断だったという。十四時ころまでには、避難した登山者六十人が田の原に下山を開始している。

剣ヶ峰の岡村さんの証言

十三時二十分ころ、御嶽頂上山荘、御嶽剣ヶ峰山荘から自力下山できる登山者八十人ほどは、小屋番の誘導で、二ノ池方面に向けて下山開始した。二ノ池本館はすでに無人だったため、黒沢口登山道を飯森高原駅目指して下山した。

そのなかに、剣ヶ峰から御嶽頂上山荘に避難した岡村さんもいた。ショルダーベルトが切れたザックを抱え、ヘルメットではなく鍋を被っていたため歩くたびに鍋が動き、思うように歩けなかった。さらに水分を含んだ灰が靴の裏につき、両足を引きずるようにして進んだ。九合目石室山荘でヘルメットを借りることができ、小屋の方にタオルでザックの応急処置をしてもらい、背負えるようになった。

剣ヶ峰の様子を聞かれたので見たままを話すと、「そうか。死亡者が出たか」とショックを受けている様子だった。さらに小屋の方はマスク代わりにタオルを顔に巻いてくれたという。夢中で歩いていたので気づかなかったが、まだ雨混じりの火山灰が降りつづき、空中にもずいぶん舞っていたのでありがたかった。

途中の霊神碑の所まで来ると、誰が言うともなしに周りにいた生還者は自然と手を合わせたという。下山したくても歩けずに小屋に留まっている登山者や、噴石の直撃に遭い、火山灰の下に埋まっている登山者もたくさんいるはずだ。誰も何も言わなかったが、皆、その人たちの無事を願うと同時に、我が身の命が救われた感謝の気持ちでいっぱいだったという。

覚明堂からの下山

十三時三十分、私は覚明堂から飯森高原駅を目指し下山を開始した。このとき、頂上からの登山者はまだ下りてきていなかった。

黒沢口登山道は、二ノ池本館、覚明堂、石室山荘に避難していた登山者が一斉に下山していた。二ノ池本館に避難した登山者を含め九合目石室山荘に避難していた登山者は、木曽町役場からの避難指示に従い下山を開始した。小屋番が点呼をしながら登山者の下山を確認すると、石室山荘には一五〇人の登山者が避難していたようだ。

私はその大勢の登山者の後を下りていった。

登山道には灰はうっすらとしか降っていないが、その灰が滑りやすく多くの登山者が転倒していた。平常心ではきっと下山できないであろうから、黄色のヘルメットを被ることは、登山者を安心させたと思う。私は小屋には避難していないのでヘルメットはもらっていなかった。

この先、ケガをした登山者がいたら自分にできることをしようと思っていた。

岩に腰を下ろす年配の登山者に声をかけると、「疲れたから休んでいる」という返

噴火後、登山道を避難する登山者たち。
黄色いヘルメットを被り、
列を作って避難していた

八合目の登山道付近で、
灰を被ったクマザサ。
黒っぽい灰が特徴的だった

事が返ってきた。滑りやすい登山道で皆言葉少なく慎重に歩いていた。ケガをしている登山者は見なかった。

小屋に避難できた登山者は比較的きれいだった。ちょっと灰を被って白くなっているくらいだった。一方、髪の毛にはセメントのような灰が固まり、黒の雨具に黒のズボン、全身灰だらけのぼろ雑巾色の姿の私を見て、登山者は「きょとん」としていた。「この人なんでこんな灰まみれになっているの？」といった感じだった。

このとき、山頂周辺がどれほど過酷な状況だったのか、同じ御嶽山にいながら少し離れた場所で避難できた登山者は知る由もなかったと思う。もちろんそれぞれが噴火という自然現象に直面し、どうなるのか分からず死を意識していたと思うが。

私は、登りは好きだが下山は好きではない。ただこのときは、自分の足で下山できることが本当に嬉しかった。それと同時に不安な心を押し殺した。被害状況は分かっていなかったが、頂上周辺は恐ろしいことになっていることは想像できた。

「あの楽しそうだった若者はちゃんと小屋に逃げたよね」ふとそんなことを思った。とにかく一人でも多く登山者が下山できることを祈り、山を下りた。

十四時。私は八合目女人堂（にょにんどう）のすぐ下にいた。登山道がさらに滑りやすく渋滞していた。登りで見かけた全盲の方をサポートしていたグループがいた。灰をさほど被っている感じはしなかったので、きっと小屋に早く避難できたのかと思った。

前方に、ザックを背負わず一眼レフカメラを大事そうに抱えた男性がいた。それは、剣ヶ峰直下から逃げてきた林さんである。

「ザックどうしたの？」そう声をかけると、「剣ヶ峰のすぐ下に置いてきた」と答えた。噴火の状況を聞いたが、「地獄谷側とは少し違うな」と思った。そして動画を撮っていたので、見せてもらった。動画はほとんどが暗闇だった。そしてその暗闇のなかで林さんは大事な人に向けてのメッセージを吹き込んでいた。それを聞くと、「親孝行、何ひとつしてあげられなくてごめんね」「大切にしてあげられなくてごめんね」とか……。最後はすべて「ごめんね」で終わっていた。

「ごめんね、ばっかりじゃん」そう思い、失礼ながら私は少し笑ってしまった。しかし、死を覚悟した噴火の暗闇のなか、少しでも自分の生きた証を言葉で残したかった気持ちはよく分かった。噴火直後、生きて帰ってこられるとは思えなかったのは皆同じだったと思う。だから林さんは、動画を回したと言っていた。林さんは、死ぬときは「ありがとう」と言って、死にたいものだと言った。私も同感である。布団の上で大往生なら「ありがとう」と言える気がするが、突然、死に直面すればこちらの心の準備が追いつかない。そして突然死んでしまうことに対して、残された大事な人に出てくる言葉は「ごめんね」しかないのかもしれない。

私に限っては「こんな所で死んでたまるか」という思いで、感謝の言葉も謝罪の言葉も思いつかなかった。

滑りやすく渋滞した登山道を、林さんと話をしながら下りてきた。同じ恐怖を共有したからか、初めて会ったのにすっかり仲間になっていた。

飯森高原駅には、朝見たＮＨＫの撮影スタッフがいた。八合目から撮られたその映像はニュースで使われていた。

ロープウェイは運休していたので、そこからはスキー場を下り、十五時四十分くらいに、私はロープウェイの鹿ノ瀬駅に着いた。

八丁ダルミの佐藤さんの証言

十四時前、八丁ダルミの佐藤さんは、噴石が後頭部をカバーしていたザックに当たり、ザックが一メートルほど飛んだ。慌ててザックをたぐり寄せ、再び後頭部を守った。視界はあるが、時折飛んでくる噴石のなか、今動くのは危険だと判断し、その場から避難できずにいた。噴石が当たったのに、壊れた時計は動いていた。十四時近く、噴石も止んだ。

「逃げるなら今しかない」

苦痛にうめきながらも立ち上がった。周辺には数名の生存者がいた。皆同じことを考えていたのか動き出した。

近くにいた女性が、聞き取れないようなか細い声で何か言っているのが聞こえた。「止血して下さい」そう言っていた。「どうされました?」と、足を引きずり女性に近寄ると、佐藤さんは言葉を失った。いや、正確には言葉にはならない叫び声をあげた。左腕が肩からすぐ下でもげていた。切り口からは白い骨が露出して、ぐずぐずになった赤い肉からは血が滴り落ちていた。

佐藤さんは気が動転してすぐに対処できなかったが、落ち着きを取り戻し、自分の使っていた手ぬぐいで女性の肩を縛った。しかし、その光景に手が震えて力が入らない。きつく締めると女性が「痛い」と、うめき声をあげるので、なかなかきつく縛れなかったという。

佐藤さんは周りの生存者に「動ける人は王滝頂上山荘まで行きましょう」、そう声をかけた。二名の登山者はすでに絶命していた。

左腕を負傷した女性も、一度立ち上がったが、すぐに力なくしゃがみこんでしまった。

女性を小屋まで連れていくべきだったのだろうか。佐藤さん自身が両足を負傷して歩くのがやっとだった。女性に「生き残りたいなら、頼むから自力で歩いてついて来て下さい」、そう声をかけ、避難を開始した。振り返ると女性は同じ姿勢でしゃがみこんでいた。

女性の長い髪が邪魔をして顔が見えなかったが、もし目が合っていたらどうしただろう。後ろ髪を引かれながら、佐藤さんは下山を続けた。

その後、王滝頂上山荘の近くに鎖骨が露出した登山者もいた。山荘に助けを呼びにいったが予想に反して無人となっており、警報装置が鳴りっぱなしになっていた。

登山者の元に戻り、寒がる登山者にジャケットを貸した。小屋から毛布と水を取ってきて登山者に渡した。「ありがとうございます」登山者は嬉しそうに礼を言った。

十五時ちかく、王滝頂上山荘には佐藤さんを含め六人の登山者がいた。小屋で夜を明かすという登山者もいたが、佐藤さんは足を引きずり単独で田の原を目指し下山を開始した。負傷した足での下山は想像以上に困難だった。時間もかかった。左足は噴石を受けていて膝がまったく曲がらず、右足は甲に感覚がなく踏ん張ることができず、よろよろよろけながらの下山となった。小屋で杖でも入手してくればよかったのにと悔やんだ。

途中、若い男性二人組に抜かされた。王滝奥の院で噴火に遭い、一人は亡くなられたと聞いた。そして佐藤さんは王滝口登山道にある八合目避難小屋で力尽き、ここで夜を明かすことにした。

ロープウェイ鹿ノ瀬駅へ

十五時四十分、私はロープウェイの鹿ノ瀬駅に着いた。このとき、まだ下山名簿は作られてはいなかった。

町の方が水とマスクをくれた。トイレに行って初めて鏡に映るぼろ雑巾色の自分を見て笑った。色だけではない。ぼろ雑巾そのものだった。トイレにいた小学生の女の子もあとずさりするほどだった。生死の狭間を生き抜いた凛とした顔だと思いきや、鏡に映るその姿は、髪の毛にセメントのような火山灰がこびりつき、全身灰まみれ。顔だけが火山灰かなんだか知らないが、まるでお笑いコントのように白くなんともまぬけな顔だった。

駐車場に行くと、車に灰が積もっていた。フロントガラスには粘土のような灰がついていた。近くに停めてあった強力さんの車はなかった。その部分だけ灰が積もっていた。

ヘリが飛び始め、駐車場の上も飛んでいた。

「この車の灰どうしよう」そう途方に暮れていると、町のボランティアの方やロープウェイの従業員の方がバケツで何度も水を運んでくれ、前が見えるようになると、車を移動してホースで洗ってくれた。本当にありがたかった。

「これで帰れる」そう思った。

携帯にメールが届いた。明日の燕岳ツアーの添乗員からだった。

「班分けはしますか？」

「明日歩いて様子を見てから考えます」

そう返信した。一気に現実に戻った瞬間だった。

鹿ノ瀬駅には警察はまだ来ていなかったが、消防の救急隊が来ていた。お鉢で会ったケガをした女性がいたこととその場所を伝えた。それと火山ガスと細かい火山灰をいっぱい吸ってしまったが大丈夫か聞くと、「気になったら病院で受診して下さい」と言われた。

頂上直下の二つの小屋にいた登山者は、黒沢口登山道をそれぞれのペースで下山した。岡村さんも歩き出してから三時間三十分かかり、やっとロープウェイの鹿ノ瀬駅に着いた。

そのころには警察官が三人いて、安否確認のため、下山名簿を作っていた。木曽町の職員らしき人たちが待機していて、「大変でしたね。体調は大丈夫ですか？　ケガはないですか?」と声をかけてくれ、紙コップの水とマスクをくれた。一杯目で口をゆすぎ、二杯目を飲み干すと、「やっと着いたんだなあ」という安堵感に浸ることができた。

黒沢口登山道では、ケガを負った最後の登山者が、山小屋関係者に付き添われ、真っ暗のなか十九時過ぎに飯森高原駅に着き、病院に搬送された。

剣ヶ峰から、二ノ池経由で五の池小屋に向かった登山者もいた。

十八時少し前に、岐阜県警山岳警備隊とともに最後の登山者も五の池小屋に着いた。鎖骨と上腕を骨折した二名を含め登山者二十五名が避難した。翌日、鎖骨骨折をした登山者はストレッチャーで岐阜県警の救助隊に小坂口登山道八合目付近まで搬送され、その後ヘリコプターで救助された。残りの登山者は小坂口登山道を自力下山した。

八丁ダルミから王滝口登山道八合目の避難小屋に着いた佐藤さんは、寒いがなんとかひと晩は大丈夫だろうと思っていた。十八時三十分ころ、小屋の外から大声で叫ぶ声が聞こえた。外に出ると、五，六人のヘッドランプの明かりが見えた。レスキュー隊を見た佐藤さんは、力が出て再び歩き出した。その後レスキュー隊の力を借りながら田の原まで下り、そのまま木曽病院に搬送された。

剣ヶ峰直下の御嶽頂上山荘にケガ人一人、御嶽剣ヶ峰山荘にはケガ人三人、その家

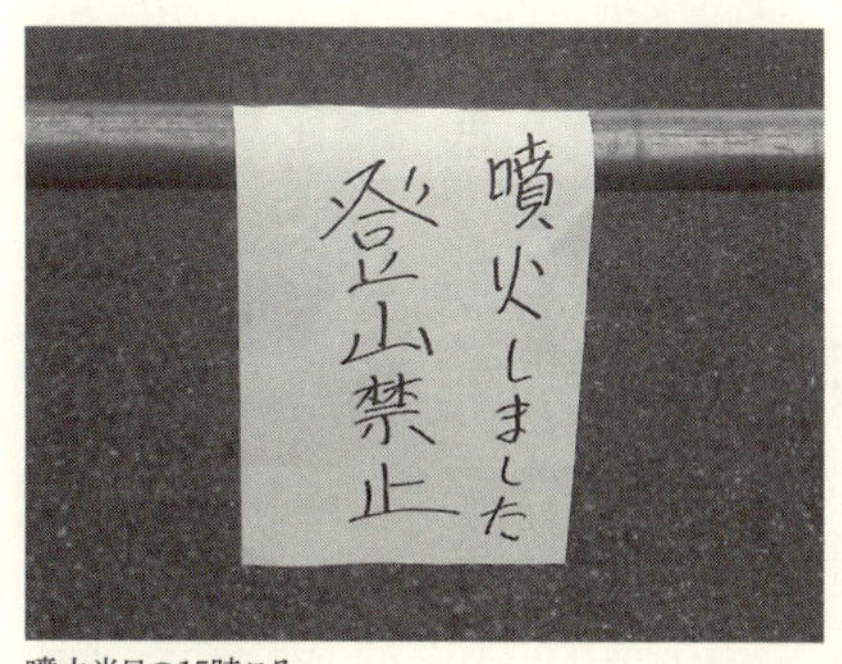

噴火当日の15時ころ、
田の原登山口に表示されていた
「登山禁止」の張り紙

族一人の登山者五名と小屋番二人を合わせた七名が救助を待ち、不安な夜を過ごした。翌日、登山者五名はヘリコプターで救助され、小屋番は自力下山している。

*

私は、下山中も、そして家に帰っているときも、一時間のあの出来事は本当だったのかと考えていた。自分の汚れっぷりを見ると、現実だろうが、何かの間違いであってほしいと思っていた。

結局、夫と連絡が取れたのは十八時過ぎだった。ラジオから「御嶽山噴火」と聞いて、噴火を知ったという。びっくりして電話をかけるが、コールするだけでなかなか私が出ないので心配させてしまった。

家に帰り報道を見るが、まだ全貌と被害状況は分からなかった。情報提供の電話番号に何度もかけたが繋がらなかった。救助要請してあるし、ケガをした女性の情報はもう把握してくれているはずだと思い、電話をかけるのをやめた。

信じ難い出来事の一日が終わった。疲れた。

報道ではまだ何も言ってはいなかったが、頂上周辺が悲惨な状況にあることを私は知っていた。今は、自分が生きて帰って来られたことを素直に受け止め、感謝したい。そう思った。

噴火に遭って、生死の狭間を体験した。そのこと以外、家に帰ると何も変わらない日常が普通にあった。部屋は朝出て行ったときのままだった。

膝にも足元にも「ゴロゴロ」喉を鳴らす、いつもと変わらずのんきな顔をした猫たちがいた。

手を伸ばし、足をピンと突っ張りお腹を出して仰向けに寝る、警戒心ゼロの猫の姿に癒された。四匹の愛猫にもまた会えた。暗闇のなか、この猫たちに「会いたい」と思うのを忘れていた。そのことを申し訳なく思った。

第二章

噴火の実態

御嶽山という山

二〇一四年九月二十七日の御嶽山噴火から間もなく二年が経とうとしている。多くの犠牲者を出した御嶽山噴火を検証し、噴火災害でこの先同じような犠牲者を出さないために、その教訓を伝え生かさなくてはならない。そうすることが、尊い命を亡くされた方々への、私たちができるせめてもの償いだと思う。

ここでは御嶽山噴火を体験した登山者の証言と、噴火後調査に入った産業技術総合研究所の及川輝樹先生のアドバイスを元に、今回の御嶽山噴火はどういったものであったのか、なぜ多くの尊い命が犠牲になってしまったのか検証してみたい。検証することで、現在分かっている結果のなかから、この先に繋がる教訓が見えてくるのではないだろうか。

御嶽山が噴火したのは今回が初めてではない。有史以来、一九七九年十月二十八日に、今回の噴火と同じ規模の水蒸気噴火をしている。山頂の小屋の破損状況は、今回の写真とよく似ている。その後一九九一年、二〇〇七年にもごく小規模の噴火があったが、いずれも登山シーズンではなかったため、犠牲者はいなかった。

犠牲者を多く出した今回の噴火となにが違ったのだろうか。

一九七九年の噴火は、朝五時二十分ころから振動の変化が記録され、ゆっくりと噴火が始まったようだ。登山シーズンは終わっていたが、八丁ダルミにテントを張っていた登山者がいた。ジェット機が飛ぶような音が次第に大きくなっていき、テントから出るとセメントのような小雨が降っていた。空が明るくなると、噴煙もはっきりと確認できたという。

当時、御嶽山は「死火山」だと思われていたが、噴煙を見た登山者は王滝口登山道を逃げた。噴火は十四時ごろが最も活発になり、以後は黒煙もだんだん水蒸気が多くなり白くなっていった。

このときの噴火は、朝方ゆっくり始まり最も激しくなったのは十四時ごろだったようだ。登山者は噴火に気づき逃げる時間があったため、今回のように、暗闇の熱風に耐え、火山灰に埋もれ、噴石が飛び交う地獄絵図は誰も見ていなかった。そのため、活火山に登っている以上、噴火は登山者が遭う危険として、またその恐怖は伝えられることはなかった。これまでの噴火からは、登山者が噴火に遭った際、命を守る術を学び取ることができていない。

まず、今回の御嶽山噴火が被害を拡大させた要因は何だったのだろうか？　それは、紅葉シーズンの晴れた土曜日で、しかも登山者が山頂に最も多く集まる昼どきに重なったという、噴火したタイミングが悪すぎたからではないだろうか。ひとつでもタイミングを外していれば、ここまでの被害は回避できたであろう。しかし、タイミングに関しては、どうすることもできない不可抗力である。今回の噴火が被害を拡大させた原因を、及川先生は次のように書いている。

①事前に火口周辺の立ち入り規制がかけられなかったこと。
②登山の際に、多くの人が留まる山頂付近に火口が開口したこと。
③噴火発生時がお昼どきで、多数の人が山頂付近にいたこと。
④噴火のクライマックスが開始直後であり、登山者が逃げる時間がなかったこと。
⑤火砕流に覆われ視界の悪いなか、多数の噴石が降ってきたため逃げるに逃げられなかったこと。

二〇一四年九月二十七日十一時五十二分ころ、御嶽山が噴火した。正確には五十二分三十秒くらいではないかと、写真などから推測されている。

噴火は、地下のマグマなどの熱によって、地下水が気化されて圧力が急速に上昇し、水蒸気爆発を起こした水蒸気噴火であった。圧力に耐え切れず破壊されるため、火口付近の岩石が砕け、噴石や火山灰として飛散する。自然界ではごく小規模な水蒸気噴火だった。しかし、この噴火は、登山者にとっては対応できるレベルをはるかに超えていた。

噴火によって六十三名の登山者が尊い命を落とされている。

六十三名のうち五十六名が飛来した火山礫(れき)(直径二ミリ以上六四ミリ以下の火砕物)、火山岩塊(直径六四ミリ以上の岩石、以下「噴石」とする)による損傷死、一名が気道熱症、一名が死因不明で亡くなっている。五名は現在も行方不明である。

詳しい死因は当時調べられてはいないが、犠牲者のなかには致命傷になるほどではない損傷の人もいたという。傷を負った後、着の身着のままでひと晩過ごしたことで低体温症の犠牲者もいたのではないかと、翌日二十八日に災害派遣医療チームとして御嶽山に登った上條剛志医師は言う。

御嶽山噴火は、犠牲者の人数から戦後最大の噴火災害という枕言葉がつけられた。犠牲者五十八人が見つかった場所は以下の通りである。

剣ヶ峰周辺、三十二名。

八丁ダルミ周辺、十七名。

一ノ池周辺、四名。二ノ池方面、三名。

王滝奥の院、一名。王滝頂上山荘、一名。

このことから、地獄谷の噴火口から半径五〇〇メートル内の、登山者の多かった剣ヶ峰、逃げる場所が「まごころの塔」と「御嶽教御神火祭斎場」の台座、そして登山道脇の岩しかなかった八丁ダルミ周辺に被害者が多く集中していることが分かる。ただ、同じように噴石が飛来したお鉢、王滝奥の院には、登山者が少なかったことが不幸中の幸いだった。

噴火時、頂上周辺だけで二五〇人の登山者がいたといわれている。なぜそれほど多くの登山者がいたのかというと、御嶽山が「登りやすい」という認識があったからではないだろうか。それでいて標高三〇〇〇メートルの高山、そして「活火山」という認識は薄かった。人気の高い王滝口登山道と黒沢口登山道は七合目付近まで交通機関を利用して容易に登れ、最高峰剣ヶ峰までは途中に避難小屋や営業小屋も多く、登山道は整備されている。登山者自身が気をつければ、防げる滑落や捻挫などの危険はあるが、技術を要する危険な岩場や落石地帯などはない。そして観光を重視するあまり、自治体は御嶽山が「活火山」というリスクのある山であることを十分に周知していなかったという意見もある。確かに登山口には、活火山であるということを知らせる看板なども、火山性地震が増えていたことを知らせる情報は何もなかった。

できるだけ多くの情報を提供し、危険箇所を共有させるなど、判断材料は多いに越したことはないと思う。それを踏まえて最終的に登るのを決めるのは登山者自身である。

ただ私は、登山者が自分の登る山が「活火山」であることを、登山口で知るのでは遅すぎると思う。事前に自分が登る山がどういった山かは、登山者自身が前もって調べておくべき情報である。事前の準備と知識は、安全に登山をしようと思えば必要不可欠なことではないだろうか。登山口では、現地の最新の情報をプラスできればいいと思っている。地元が御嶽山を観光でアピールするのであれば、安全登山に繋がる情報は積極的に提供していただきたい。登山者と自治体が、安全登山に関する情報を共有することはどちらにとっても意義がある。登山口にビジターセンター設置の動きもあるようだが、形だけではなくその役割をしっかりと伝えられるものであってほしい。

御嶽山は「登りやすい山」か

ここでガイドの視点でひと言わせてもらうと、御嶽山を「登りやすい山」とは思っていない。なぜなら王滝口登山道の田の原、ロープウェイ終点の飯森高原駅とも標高二一五〇メートルまで交通機関を利用して行くことができる。これは一見楽に感じると思うが、多くの登山者は気づいていないだけで、体は高度に順応しているとは限らない。日帰り登山が多い御嶽山では、車中泊する登山者や、夜中運転してきて、そのまま朝登り出す登山者も多い。睡眠不足は高度順応を妨げる大きな要因となる。それが二一五〇メートルという標高は、ゆっくり時間をかけて登るべき標高である。それが体にやさしい「登りやすい山」だと思う。しかし、高度に順応していないため、「いつもよりしんどい」と思う登山者は多いのではないだろうか。

三〇六七メートルの御嶽山は日本で十四番目の標高をもつ山である。ガイドのときは、少しでも標高に慣れてもらってから登り出す。決してすぐには歩き出さない。お客さんはあまり気にしてはいないが、ガイドは高所順応にはかなり気を遣っている。山頂までの高低差と所要時間が、即、山の難易度ではないからだ。楽に七合目まで来ることができるので、登山者も高山という感覚が鈍り、危険に対して油断が生じるのではないだろうか。ハイキングの延長のような感覚を、多くの登山者が持ってしまうのではないか。ただし、整備された登山道と小屋が多いという点は、もしものときを考えると、「登りやすさ」に繋がるのではないかとは思う。

いずれにしても、天気がいいとき限定である。独立峰だけに、御嶽山の風が強い日に、「登りやすい」と思う登山者はいないだろう。噴火当日のように、最高の登山日和のなかで、登山者が危険を想像することは難しかったかも知れないが……。

噴火の予知

及川先生は、被害が拡大した原因に「事前に火口周辺の立ち入り規制がかけられなかったこと」をあげている。噴火当日、噴火警戒レベルは一だった。立ち入り規制もないなか、季節といい天気といい最高の登山日和に、「登りやすい山」と人気のあった御嶽山に多くの登山者が集まっていた。なぜ御嶽山は噴火したのに、警戒レベルは一だったのだろうか。

御嶽山は、気象庁が二十四時間態勢で観測する「常時観測火山」である。地震計、高感度カメラ、GPSなどを使い、火山活動に伴う変化がないかを監視している。ただし、山頂の地震計は壊れていたという。

火山活動の状況に応じて、「警戒が必要な範囲」と防災機関や住民などの「とるべき防災対応」を五段階に分けて発表しているのが、「噴火警戒レベル」である。当日、御嶽山は「警戒レベル一＝平常」だった。「平常」という言葉は危険を連想しにくいため、御嶽山噴火後、「レベル一＝活火山であることに留意」と言い換えられた。

九月十日、火山性地震は五十二回、十一日は八十五回に達していた。しかしその後、一日三回から二十七回に減少し、レベルは二十七日に噴火するまで据え置かれた。噴火警戒レベルを上げる条件は、「次のいずれかが観測された場合」として五項目がある。

そのうちの一つに火山性地震（マグマなどの火山活動によって発生する地震）の回数が、一日五十回以上というのがある。ちなみに他の四項目は、火山性微動（マグマや水蒸気が地下を移動したり、沸騰し気泡が発生することなどで起こる地表の微弱な振動）、地殻変動（マグマなどの上昇で山が膨らむ山体膨張）、噴煙量、火山ガスの増加などである。

この五項目を総合的に判断して、レベルは上げられる。地震の回数だけが条件を満たしていても、すぐには上がらない。したがって二日間だけ火山性地震が多くなっていたが、その後終息していたのと他の項目に変化がなかったため、御嶽山が、直ちに噴火に結びつくとは考えられなかったからだろう。

噴火後の記者会見で、「もともと今回起こった水蒸気爆発を予知するのは難しいことです。予知に失敗したというかも知れないが、われわれの予知のレベルというのは、まだそんなものです」。予知連藤井会長が本当のことを包み隠さず発言して、傲慢な居直りのように受け取られて、非難されたという。水蒸気爆発は前兆を捉えにくいと

なだらかな山容をみせる開田高原から望む御嶽山。
交通が発達し、山小屋も多く、
一見登りやすい山に見えるが……

いうのが研究者の常識のようだ。私は率直に言ってくれたお蔭で、「予知できないんだ」と分かってよかったと思っている。できない予知については、何も意見はない。自然の営みを、人間が手に入れることができないと思うだけである。

登山者は、噴火が予知できないのであれば、噴火に遭うかもしれないという覚悟がなければ活火山に踏み込むべきではない。警戒レベルはあってないようなものなら、登山者の危険に対する意識を変えなければ命は守れない。予知できないと分かった今なら、そうはっきりと言える。噴火前、私自身、自然では何が起こるか分からないと思いつつも、警戒レベルを普通に信じていた。勉強不足といわれればそのとおりだが、レベル一で噴火するとはまったく思っていなかった。

「危険に対する意識を変える」それが登山者自身が、今回の噴火から学ぶべき教訓ではないだろうか。

さらに噴火を予知できないということより驚いたのが、学者、気象庁職員が「九月下旬、山頂に大勢の登山者がいるとは思わなかった」ということだった。報道から知り得た情報で直接聞いたわけではないのだが、何かの間違いだと思いたい言葉である。二十四時間態勢で見ていたのは机の上のデータだけで、そこに登山者がいるかどうかは特に問題ではなかったのであろうか。監視は、人の命を守ることを目的にした火山防災の一つではないのだろうか。登山者の命を守ることは、そのなかには入らないのだろうか。

もっと広い視野で一歩踏み込んで御嶽山という山を見ていた関係者は、本当に誰一人いなかったのだろうか。私は生きているだけに、「登山者がいるとは思わなかった」というその言葉は、犠牲者、ご遺族には到底受け入れられるものではないだろう。私自身その言葉は消化しきれていない。「危険な所にわざわざ行く登山者は仕方がない」という声も理解しているが……。

あの時期、多くの登山者が山頂周辺にいることを知っていたら、警戒レベルが引き上げられた可能性はあったのだろうか。噴火により多くの犠牲者を出した現在、二十四時間データを見ることに限らず、広い視野で火山防災に取り組むとともに、火山活動の伝達だけではなく、地元自治体と連携して現状を察知し、また適格な対応をしていただきたいと思う。予知できないのは分かった。「噴火するかもしれない山」と認識して向き合っていれば、情報の伝達、現状の把握など改善しなければいけないことが数多くあるのではないだろうか。

前兆はあったのか

九月十一日。火山性地震が八十五回に達したため、気象庁は「火山の状況に関する解説情報」を発表し、注意を喚起した。その解説情報を受け、地元木曽町と王滝村は山小屋に地震の増加を伝え、注意を促し、各山小屋に異変はないかを確認した。特に異変はないという。「火山の状況に関する解説情報」は、地震の回数が減ってきた点もふまえ、九月十六日を最後に噴火発生後まで発表されなかった。

噴火直前に火山ガス臭が九合目石室山荘付近で感じられたが、風向きで同じようなことが以前にもあったので、このガスが噴火の前兆とは確定できないという。私が噴火の前兆として信じていた、地熱が上がり登山道がヘビだらけになるというのも、なんの確証もないという。

気象庁では、九月二十七日、噴火十一分前の十一時四十一分、火山性微動が始まり、七分前には山がわずかに盛り上がる地殻変動を確認していた。しかし、登山者はその異変に気づいていなかったと思う。私自身歩いていたので、爆発音を聞き噴煙を見るまで、まったく異変には気づかなかった。

そして十一時五十二分三十秒ごろ、御嶽山は最悪なタイミングで突然、噴火してしまった。人間にとっては最悪でも、御嶽山にはたまたまそのときだったのだろう。気象庁が異変を確認してから、わずか十一分後だった。

十一分。結果論かもしれないが、十一分あれば何ができたのであろうか。迅速な情報伝達は今後の課題ではないだろうか。多くの犠牲者を出した噴火口から半径五〇〇メートル以内で、十一分で最寄りの小屋に逃げ込めない場所は、お鉢、王滝奥の院であろう。登山者の体力次第であろうが、「まごころの塔」から剣ヶ峰山荘の間の区間である。もしシェルター設置を考えるのであれば、その場所が該当するのではないだろうか。ただし、今回のように視界があるなか噴火するとは限らない。登山者自身が現在地と山小屋、シェルターの位置を頭に入れておくことが大前提である。登山者用のハザードマップもあればいいと思うが、それを最大限有効に使えるかは、やはり登山者の危機に対する意識にかかわっているのではないだろうか。

噴火の様相

噴火口の場所と噴火の推移

及川先生のまとめた調査報告では、二〇一四年の噴火は、一九七九年火口列の南側で新たに形成された火口列から発生したようだ。火口列は、西から東に、剣ヶ峰・継母岳間、地獄谷内、王滝奥の院下の大きく三つの領域に分けられる。噴火時の写真などから、地獄谷内の火口が最初に噴火したものと推測されている。地獄谷内の火口が最初に活動を開始し、その後、王滝奥の院下の火口が十一時五十三分ごろに開口した。剣ヶ峰・継母岳間の火口は、その後に活動を開始したようだが、正確な時間は不明である。

二〇一四年の噴火は、大きく三つのフェーズ（段階、局面）に分けられる。

フェーズ一は、火砕流発生期。十一時五十二分三十秒ころから十二時十五分ころまで。さらに細分し、十一時五十二分三十秒の噴火開始から十一時五十三分ころまでを一a、十一時五十三分ころから十二時ころまでを一b、十二時ころから十二時十五分ころまでを一cとする。
フェーズ二は、泥雨混じりの降灰期。十二時十五分から十六時ころまで。
フェーズ三は、火口溢流（いつりゅう）型泥流発生期。十六時以降。

フェーズ一の状況は、及川先生の調査報告では以下のとおりである。
「比較的低温で本質物を含まない火砕流の発生と、多量な噴石の降下で特徴づけられる。火砕流は、いったん標高三五〇〇メートルほどの高度まで上昇した噴煙が崩壊することで発生し、火口から四方に広がった。発生期間は、フェーズ一の間に限られ、その間に複数回発生したことが、映像や聞き取り調査から確認できている。火砕流は多くの犠牲者がでた八丁ダルミや剣ヶ峰山頂部にも到達したが、特に火口南側の地獄谷沿いに約二・五キロ、北西方向にも約二キロと特に長く流れ下った。火砕流流下域のハイマツなどの樹木は噴火直後の上空からの観察でも焼け焦げていないため、火砕流は比較的低温であったと考えられる。聞き取り調査や映像等に基づくと、山頂付近に到達した火砕流の温度は、部分的に一〇〇度Cを超えた可能性はあるが、おおむね三〇～一〇〇度C程度と推定され、水滴などの液体の水を含まない乾燥した流れであった。その速度は、およそ毎秒一〇～二〇メートルである。

これら火砕流の到達とほぼ同時に、山頂部を多数の噴石が襲った。火口から弾道を描いて飛来する噴石の発生は、噴火開始直後から発生したことが写真等から判っている。噴石の到達時刻は、八丁ダルミでは火砕流の到達とほぼ同時の噴火開始後数十秒以内であったが、剣ヶ峰山頂付近では噴火開始から一分ほどの間があった。山頂部に降りそそいだ噴石は、建物の屋根や壁、神社の石造物を破壊し、直径五センチ程度の鉄パイプを破断するほどの威力があった。噴石は、山頂付近では十二時四十分ごろまで降っていたが、多量に降ったのは火砕流の発生と同じくフェーズ一の間であり、その後は量が少なくなった。

火砕流が到達しなかった地点には主に火砕流の灰神楽起源の降下火山灰が降ったが、それはフェーズ一の時点では水滴が混じっておらず乾燥していた。（及川輝樹「二〇一四年御嶽山噴火　地質と調査」）Oikawa et al. (2016) EPS, 68:79

爆発音と噴煙、そして火砕流

剣ヶ峰では「パン」というタイヤが破裂したような乾いた音や、「ドドーン」というそう大きくはない音を複数の登山者が聞いている。私のいたお鉢でも、大きくはないが「ドドーン」という音が聞こえて振り返った。八丁ダルミでは、「まごころの塔」

フェーズ1・火砕流発生期

フェーズ2・泥雨混じりの降灰期

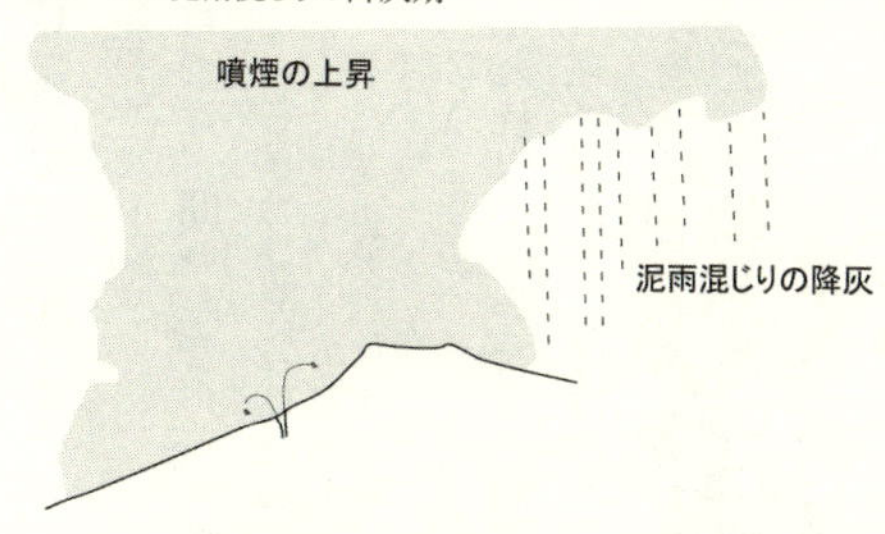

フェーズ3・火口溢流型泥流発生期

御嶽山2014年噴火の噴火推移
及川（2016）「地質と調査」

付近の登山者の多くは、「ボン、ボン」や「ガラガラ」などという爆発音を聞いているが、「まごころの塔」から剣ヶ峰山荘の間は聞こえていない登山者の証言が多い。王滝奥の院でも「ガラガラ」という音を聞いている。

二ノ池の畔では、爆発音を聞いた登山者と聞こえなかった登山者とがいる。

いずれにしても生存者の証言では、聞いた音が噴火の爆発音だったのかどうかは不明だが、そう大きくはないがなんらかの爆発音は聞いていた。

爆発音は聞こえなかったが、戸や窓がわずかに震えたような空気振動を感じた小屋もあったようだ。

爆発音を聞いた場所はそれぞれ異なっていたが、噴煙はガスっていた王滝奥の院以外は見えたという証言が多い。私のいたお鉢では噴煙は地獄谷内の剣ヶ峰の右奥くらいから立ち昇っていたと記憶している。立ち昇るだけではなく、横にも急速に広がっていった。そして舞い上がった無数の黒い粒が、空一面に見えた。噴煙を見てすぐに「噴火した」と思った登山者や、新聞記事では、同じ噴煙を見たはずなのに「上空から爆撃されたと思った」「花火のような音で何かのイベントかと思った」「飛行機が落ちて炎上していると思った」「積乱雲だと思った」など、感じ方はいろいろであったようだ。

剣ヶ峰から撮られた写真では、黒い噴煙が八丁ダルミに流れている。それはまだ剣ヶ峰では視界があることを意味し、そのころすでに八丁ダルミが噴煙に巻かれていることを意味する。八丁ダルミの登山者の証言では、噴煙を見てから暗闇になり視界を失うのに十秒なかったというものが多い。そして噴石、熱風、火山灰が、ほぼ同じタイミングで登山者を襲っている。

剣ヶ峰では、生存者が撮った写真から推測すると、少なく見積もっても六十秒は視界があったようだ。証言では、視界があるなかでパラパラと雨のような火山灰が降ってきて、それが「バンバン、ガンガン」という音に変わり噴石が飛来し出した。そして暗闇となり、視界を失っているようだ。王滝奥の院では、十二時少し前に噴煙に覆われ、暗闇になった。生存者が噴煙と証言しているのが火砕流だったようだ。

剣ヶ峰から撮られた噴火直後の写真には、私がいたお鉢も写っていた。その写真には真横に噴煙が迫っているのが写っている。写真から、私が視界を失う黄色味がかったガスに巻かれたのは二十秒後ぐらいだったと推測される。

視界は失ったが、お鉢は暗闇にはなっていなかった。そのかわり強烈な腐卵臭の火山ガスに巻かれ、息ができなかった。そう思っていたが、硫化水素ガスは無色なので、巻かれたのは火砕流だったようだ。硫化水素は独特の臭気がするが、嗅覚を麻痺させる作用もあり、高濃度で臭いを感じなくなるという。濃度が致死量を超えていても気づかないこともあるようだ。目に見えないガスは怖い。

硫化水素ガスは肺への刺激があり、低濃度では目や気道への刺激がある。めまい、ふらつき、倦怠感、下痢などを起こす可能性があり、場合によっては気管支炎や肺炎になることもあるようだ。あの臭いガスを吸って、いいことがあるとは思えない。今現在、特に思い当たる健康被害は何も感じてはいない。あのときまだ臭いは感じていたので、そう濃度も高くなかったのだろうか。つくづくよかったと思う。

及川先生に、フェーズ一を細分化し、私の体験との関係を記してもらった（Oikawa et al. (2016) EPS, 68:79)。

「一ａ（小川体験で、ガスを吸った時期）は、噴火の開始時で、火砕流が八丁ダルミを覆った。八丁ダルミは火砕流と同時に噴石に襲われた。一ノ池南のコルも火砕流に覆われた。八丁ダルミと一ノ池コルを覆った火砕流は、一旦勢いを減じ小休止の感があった。このとき、剣ヶ峰山頂部はまだ視界があり、噴石は降ってきていない」

「一ｂ（小川体験で、噴石が降ってきたときから岩穴に身を隠すまで）は、王滝奥の院下の火口が開いたとき（約十一時五十三分）から噴火の小休止があったとき（およそ十二時）まで。

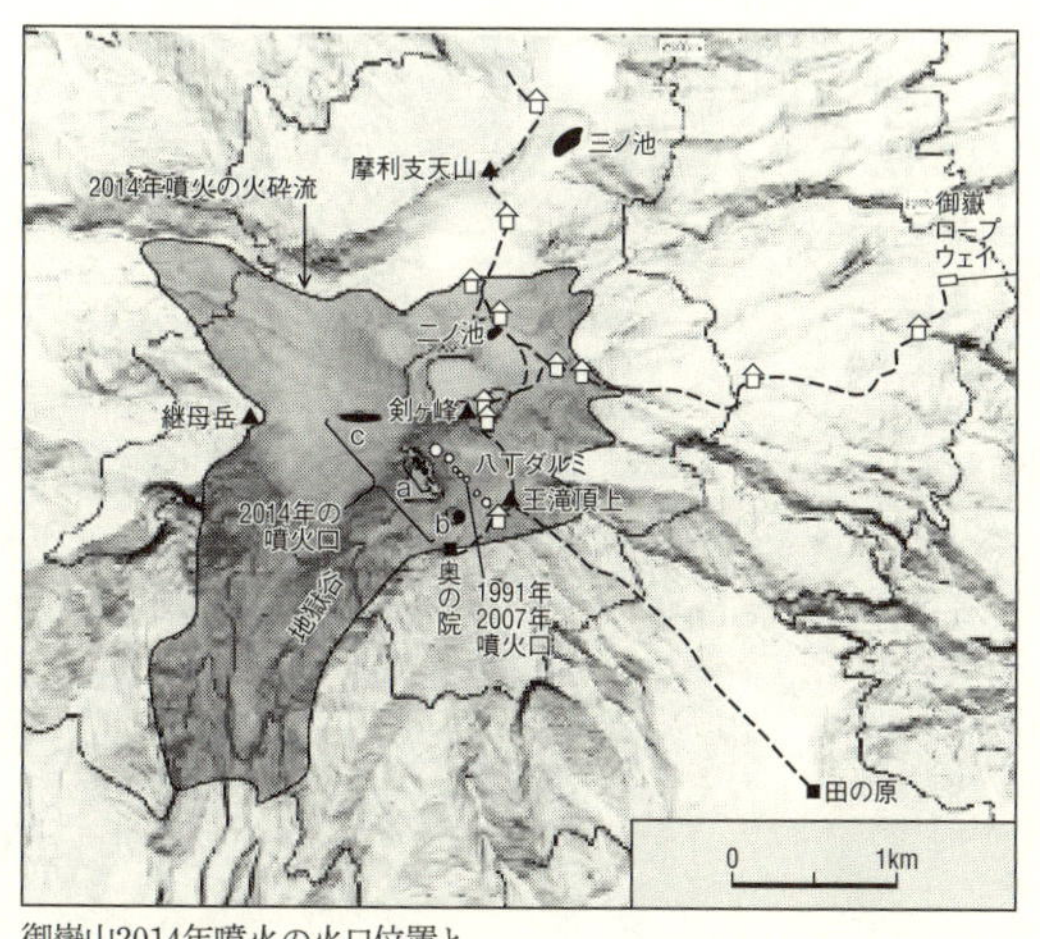

御嶽山2014年噴火の火口位置と
比較的低温な火砕流の広がりの変遷
及川(2016)「地質と調査」

十一時五十三分三十秒ころに二ノ池、一ノ池の間まで噴石が降り始め、剣ヶ峰山頂部が火砕流に覆われる。頂上の山小屋関係者からの聞き取りでは、暗くなる（火砕流に覆われる）のと噴石が降るのは同時で、噴火開始から一～二分ほどの間があった」

私がいたお鉢が暗闇になったのは、最初に聞いた爆発音より大きな爆発音を聞いてからの二回目の噴火の後だった。時間でいうと十二時ころである。視界を失ったのは、八丁ダルミ十秒くらい、お鉢二十秒くらい（暗闇ではないが、黄色味がかった白い煙で視界がなくなる）、剣ヶ峰六十秒くらいだったようだ。視界を失う前に避難を完了していなければ、その後飛んでくる噴石を凌ぐことは難しかった。

及川先生が、被害が拡大された原因に、「火砕流に覆われ視界が悪いなか、多数の噴石が降ってきたため逃げるに逃げられなかった」ということをあげている。

噴石の飛来

お鉢では、噴煙を見てから二分弱くらいで噴石が飛来しはじめた。噴石は降ってきていたが、暗闇にはなっておらず、このとき、自分の周りだけは視界があった。王滝奥の院でも、視界があるなか噴石が飛来している。その様子を撮った貴重な映像がある。その映像には、視界があるなか、かなりの量の噴石が山肌や空中でぶつかり、四

地獄谷からの噴石によって、
横壁に多くの痕跡を残す剣ヶ峰祈祷所
2014年11月8日、御嶽山合同観測班(及川撮影)

方八方に飛び散っている。その後暗闇になり、体に当たる「ザンザン」という音とともに大量の火山灰が降ってきていることが想像できる。

剣ヶ峰でも、噴煙を見てから噴石が飛来するまで二分弱はあったようだ。二ノ池から撮られた写真を基にすると、一分後くらいまでは噴煙と火砕流しか映っていないが、その後二ノ池のガレに叩きつけられる噴石が写っている。八丁ダルミでは視界を失う火砕流に覆われるのと同時に、噴石が飛来したという。噴石の飛来する速さは、飛び出しが時速二〇〇キロ、三〇〇キロともいわれている。数字では分からないが、実際聞いたその音は、空気を切り裂くような凄まじい音だった。そして地面に叩きつけられ弾け、空中でも岩と岩がぶつかり砕け、四方八方に飛び散った。まさに映像と同じである。あたりは焦げ臭かった。噴石の凄まじさを、戦争映画の機銃掃射そのものだったという証言もある。剣ヶ峰の祈祷所、直下の小屋、二ノ池本館でも、建物の屋根を破壊されている。噴火直後、噴煙と岩が舞い上がっているのは目視していたので、いずれ落ちてくるとは思っていたが、その岩が雨のように凄まじいスピードで、大量に降ってきたのは想像以上だった。噴石の恐ろしさは、言葉ではうまく伝えられない。

火山ガスと熱風

八丁ダルミと王滝奥の院では、火山ガスの臭いはあまり証言には出てこない。剣ヶ峰では暗闇になるのと同時に、息苦しくなるくらいの火山ガスを感じたという。お鉢は先にも記したように、噴火開始二十秒後には呼吸できないほどの強烈なガスの臭いを嗅いでいる。

熱風に関しては、多くの登山者が熱風にさらされたことを証言している。熱風は、剣ヶ峰直下から二ノ池方面に逃げた登山者の証言では、背中側の八丁ダルミ方面から熱風が巻き込んできたという。その熱さはギリギリ耐えられるくらいの熱さで、長時間続けば焼け死ぬことを覚悟させるほどだったようだ。八丁ダルミでも火傷をしている登山者がいたのと、ザックの留め具のプラスチックが溶けたという証言もある。

ただ私のいたお鉢は、まったく熱くはなかった。熱いと感じた瞬間は一度もなかった。多くの登山者が、熱風は感じたが、皆火傷を負っているわけではない。しかし、火傷を負っている登山者も実際いるので、火砕流の流れのなかで温度にむらがあったのではないか。比較的低温の火砕流だったのではないかと、報告書にもある。低温で本当に良かった。高温だったら全滅だっただろう。

火山灰の降下

八丁ダルミでは、暗闇になるのと同時に火山灰が降っている。それが口いっぱいに入り、呼吸するのが困難だったようだ。そしてしゃがんだ腰が隠れるくらい、四〇センチほど積もったという。二ノ池方面でも同じように、口のなかに入り呼吸しづらかったという証言がある。その火山灰は口のなかでねっとりしていたし、ジャリジャリしていたともいう。剣ヶ峰では、灰はサラサラのアリ地獄のようで、灰に埋まった登山者を掘り出すことが困難だったという。その灰は熱かったという証言もある。

王滝奥の院でも小石のようなものが「ザーザー」と音をたてて降り注いだが、熱くはなかったようだ。私のいたお鉢でも「ザンザン」音を立てて、あっという間にしゃがんだ腰を覆うぐらい積もった。素手でその灰をかき集めたが、まったく熱くはなかった。その灰は手ですくうと零(こぼ)れ落ちる砂のようだった。色は灰色ではなく真っ黒だった。お鉢で火山灰が降ったのは、真っ暗闇になった十二時過ぎである。私は、火山灰が口に入り呼吸しづらいことはなかった。

ここで及川先生の記述から引用しよう。

「一c(小川体験で、二回目の噴火)は、十二時ころの小休止から火砕流の流出が止まるまで。十二時ごろ再び噴火活動が激しくなり、火砕流の流出と噴石の降下があった。火砕流の流出は十二時十五分には終了した。噴石の降下範囲と火砕流の広がりは、このフェーズで一番拡大したようである。噴石は十二時十五分ごろには八丁ダルミ方面へは飛んでいなかった。なお、一ノ池、二ノ池方面には、十二時四十分ごろまで噴石が降っていた」

さらに及川先生の記すフェーズ二（十二時十五分から十六時ごろ。泥雨混じりの降灰期）の記述。

「泥雨混じりの火山灰の降下で特徴づけられる。山頂部で泥雨が降り始めた時刻は十二時十五分前後と火砕流の発生が終わった後である。噴煙高度は、火砕流の発生が終了し、多数の噴石が山頂付近に降り注いだ後の十二時二十分ごろに最大高度（火口上七・八キロ）に達した。泥雨混じりの降下火山灰はちょうど噴煙高度が最大になった時と一致する。高く上昇した噴煙は風に流され、東京都の西部まで降灰が認められた。降灰軸は、火口からほぼ東北東である」（及川輝樹「二〇一四年御嶽山噴火　地質と調査」）

火砕流と火山雷

八丁ダルミの証言では、噴火開始から二十分後の十二時十分ぐらいには、一度、良好ではないものの視界はあったようだ。「まごころの塔」と「御嶽教御神火祭斎場」の台座にいた自力で動ける登山者は、このとき、王滝頂上山荘に避難を開始している。剣ヶ峰では噴火後三十分もすると、十二時二十分ころには、視界が良好とまでは言わないが回復しつつあったという。そのとき、自力で動ける登山者のなかには階段を下り、剣ヶ峰頂上山荘に移動していた人もいたようだ。その後、暗闇にはなっていないという証言がある。

十二時二十分ころまでには、八丁ダルミ、剣ヶ峰は視界が良好とまでいかないが、回復していたという証言が多い。これは、火砕流の流出が終わったからではないだろうか。

お鉢は十二時ごろ暗闇となり、十二時五十分ころの視界が良好になるまでは、薄っすら三〇メートル先が風向き次第で見えるだけだった。噴石も飛来していたので、行動できるチャンスは一度もなかった。あれば、全身の隠れる岩穴を探すチャンスのみを狙っていた私が、行動しないわけがない。お鉢は、暗闇になるのは最後だったが、視界が開けるのも最後だった。暗闇だった時間は一番長かったようだ。

フェーズ一の一cの報告書には、噴石が大量に降ってきたのはフェーズ一の最初の二十五分くらいで、その後は十二時四十分くらいまでは量が少なくはなったが降っていたという。私がいたお鉢は十二時三十分過ぎころ、尋常ではない爆発音がして暗闇のなか、大量の噴石が降ってきた。その尋常ではない爆発音の後、噴石の量と大きさは明らかに変わった。時計で十二時四十三分を、私はハッキリと記憶している。そのとき、噴石はまだ飛来しており暗闇だった。

十二時三十分ころ、剣ヶ峰では良好ではないが周りは見える程度の視界のなかで、時折飛んでくる噴石を凌ぎながら灰に埋まった登山者の救助が行なわれていたようだ。八丁ダルミでは、噴石の飛んでくる間隔が長くなったようだが、やはりここも噴石は飛んできていたという証言がある。

このころ、報告書のフェーズ二の泥雨混じりの火山灰の降下とあるように、王滝奥の院、剣ヶ峰、二ノ池方面ではセメントのような雨が降ったという証言がある。セメントのような泥雨を私が浴びたのは、視界が開け、全身の隠れる岩を探しに移動開始して少し経った十二時五十分ころと、一ノ池、二ノ池を突っ切り登山道に出た十三時十分少し前だった。それ以前には、セメントのような雨を私は浴びていない。

剣ヶ峰、二ノ池方面、王滝奥の院で火山雷を見た証言がある。私は、横に走る火山雷は視界が開ける少し前に気がついた。そして、剣ヶ峰方向に縦に雷が走ったのを見て、しばらくして視界が開けた。剣ヶ峰の岩場で負傷して動けなかった登山者が、視界が良好になる前に、「雷が落ちて痺れた」と証言している。剣ヶ峰の避雷針はすでに撤去されていた。私が見た縦に走った雷は、時間も方向も一致している。剣ヶ峰や二ノ池方向では、十二時少し過ぎくらいから火山雷が目撃されていた。

噴火の終息

噴火は、十一時五十二分三十秒ころ突然激しく始まり、一時間後の十二時五十分ころには視界良好となり、終息していった。

視界が戻ったとき、噴火前の穏やかな景色からは想像もつかない状況となっていた。黒一色の色のない世界に、「ここは、地球かな」と思ったほどだ。その一時間、視界を奪われ、噴石が飛来し、火山灰に埋もれ、熱風に耐え、火山ガス、火山雷、セメントのような雨と、状況は目まぐるしく変わった。生死の狭間、地獄そのものだった。ただ噴火口から半径五〇〇メートルの場所であっても、これらの状況になるタイミン

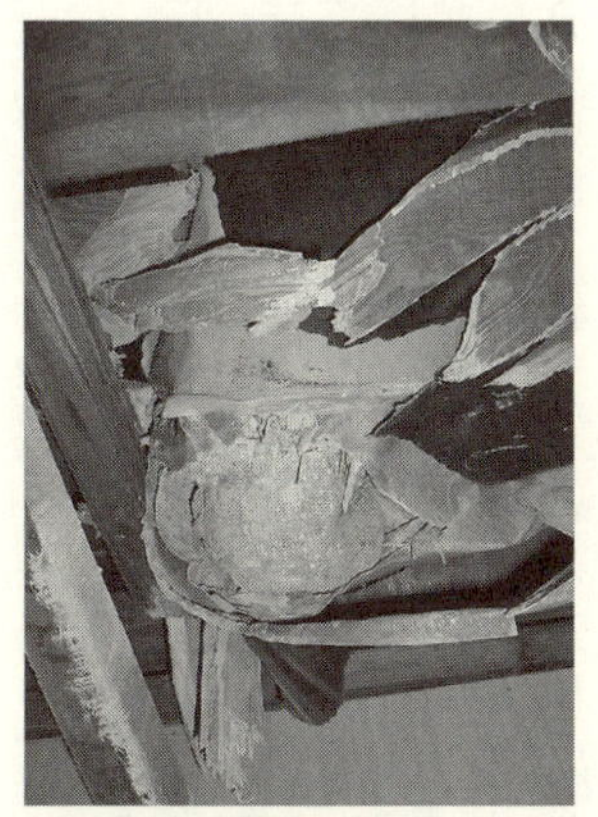

火口から来たに約1キロ離れた
二ノ池本館の屋根を
20〜30センチの噴石が貫通した

グは、いた場所で違うことがわかった。

噴火終息後、最寄りの小屋に避難していた登山者は、小屋番の誘導に従って、十三時三十分ころまでには避難を開始している。王滝頂上山荘に避難していた登山者は王滝口登山道を、御嶽頂上山荘、御嶽剣ヶ峰山荘に避難していた登山者は黒沢口登山道を、それぞれ登山口に向け下山している。小屋に避難できた登山者は、自治体で用意していた黄色いヘルメットを配布され被っていた。

小屋同士の連絡は携帯電話だったようだ。消防と直接やり取りをして避難のタイミングを計っていた小屋もあった。携帯電話を充電することが困難であったなか、報道の電話が殺到し、唯一の交信手段の携帯電話の電池をムダに消耗させられたという。非常事態の際に一刻も早く現場の状況を知りたいのは分かるが、そういうときこそ待つ配慮が必要ではないだろうか。緊急事態に備え、小屋同士、また外部との伝達手段も、より良い方法を考えることが必要だと思う。それは緊急事態のなかで、迅速な対応に繋がるのではないだろうか。

小屋のなかったお鉢は岩陰で噴石を凌ぎ、視界が良好になってから、登山者自身の判断で避難している。私が会った四人のうち、女性は足を負傷していたため自力では動けず、大きな岩陰で救助を待ち、残りの男性三名は避難中に再び噴石が飛来したことで一人は噴石に倒れ、二人はそれぞれの場所でケガを負ったという。その詳細は、そこにいた登山者から直接話を聞いた警察しか分からない。詳細は分からないが、お鉢ではもう終わったと思っていた噴火が実は終わってはいなかったことだけは確かだ。

八丁ダルミでも負傷した登山者が避難できずにいた。噴火が終息した十二時五十分過ぎ、視界は良好だったが、断続的に噴石は飛んできていたという証言がある。落下の間隔が長くなり、もう大丈夫だろうと思ったのが十四時近くだったようだ。十四時以降、王滝頂上山荘に向け避難しているときは、噴石は飛んでこなかったようだ。

ここで及川先生のフェーズ三（およそ十六時以降。火口溢流型泥流発生期）に関する記述は以下のとおりである。

「およそ十六時ごろ以降、地獄谷内の火口から熱水が溢れはじめたことが報道等の写真から読み取れる。流れ出た熱水は粘土を含み、下流の河川水を濁らせた。この熱水の流出は二〇一六年七月ころまで続いた。気象レーダーのエコー像から十七時四十分以降は、噴煙高度は火口上二キロ以下となった」

御嶽山合同観測班の調査結果

犠牲者の死因である損傷死をもたらした噴石は、物理的にも精神的にも想像以上の破壊力とスピードをもって登山者に襲いかかった。噴石が飛来した場所は、火口から半径七〇〇メートル地点に多く落下していた。剣ヶ峰、お鉢、八丁ダルミ、王滝奥の院が、その場所である。火山噴火予知連絡会の御嶽山合同観測班が二〇一四年十一月、二〇一五年六月、八月に現地を調査した結果、確認できた最大の噴石は長径七〇センチほどで、こぶし大の噴石は、一平方メートル以内に、剣ヶ峰西側で二十個程度、剣ヶ峰の広場で十個程度、八丁ダルミの「まごころの塔」から剣ヶ峰までの間は一個以上だった。その一方、「まごころの塔」から王滝頂上山荘の間は一個に満たなかった。剣ヶ峰に続く階段の直径五センチの鉄パイプや狛犬などの石像物は、噴石で破壊されていた。

こうした状況は、「噴石が雨のように降ってきた」と表現する登山者の証言とも一致する。

頂上直下の山荘の屋根に穴を開けた噴石の数は、御嶽剣ヶ峰山荘で十八カ所、頂上山荘で五カ所だった。小屋の屋根を突き破った噴石は、最も大きな物で五〇～八〇センチほどだったという。

地獄谷火口から北側に約一キロ離れた二ノ池本館で一カ所、約一・三キロ離れた二の池新館でも二カ所、直径二〇～三〇センチほどの噴石が突き抜け、屋根に穴が開いた。王滝頂上山荘にも屋根や壁に穴が開くなどの被害はあったようだ。火口から離れたその他の山小屋には噴石被害はなかった。

なぜ一・三キロも離れた北側の山小屋にまで噴石が飛んでいったのか。その理由は、地獄谷の脇、剣ヶ峰からお鉢の外輪までの間が低くなっているからだろう。剣ヶ峰のように遮る岩の壁がないため、容易に噴石が飛び越え、遠くにまで飛んだと推測される。その低くなったあたりに私はいたので、飛び越えていく噴石を見ていたことになる。

私のいた場所は、今回新しく開いた噴火口の延長線上で、地形図で計ると三五〇メートルほどだった。かなり大きな岩の塊が飛んできた可能性がある。ただ軽トラック程度の噴石が本当に飛んできていたのかは不明である。登れるようになったら、私自身真っ先に現場検証に行きたいと思っている。

火山灰とは、正確にいうと直径二ミリまでのもので、二〜六四ミリまでのものは火山礫と呼ぶ。したがって私のいた場所に降ったのは、サラサラの石の粒だったので火山礫だったことになる。剣ヶ峰でもサラサラであったが掘るのが困難だったという証言もあるのと、調査で山頂部一帯と二ノ池の分岐までは火山礫サイズの岩片を含む不揃いな層が認められた。したがって剣ヶ峰も火山礫だったと推測される。

噴火後、山頂部は報道では灰色だったが、噴火直後のお鉢から見た剣ヶ峰、私がいたお鉢、一ノ池は真っ黒だった。二ノ池のガレまで来ると黒ではなく灰色の灰になっていた。

調査の結果、層厚は、剣ヶ峰で三五センチ、二ノ池分岐で一八センチ、二ノ池脇で五〜四センチ、石室山荘で一二〜七センチ、女人堂で二センチ、王滝口九号目で一・五センチ、王滝頂上および奥の院八でセンチ、八丁ダルミで三〇〜四〇センチ、一ノ池北の二ノ池南西側斜面で八センチ、一ノ池西側で二〇〜三七センチ、剣ヶ峰西側の一ノ池南縁の鞍部で約七〇センチである。ただしこれらの値は、その地点の一般的な厚さで、吹き溜まりなどの極端に厚くなったところではない。なお層厚は、変化していない所（削れていない所）を測定しているので、噴火直後と厚さの変化はほとんどない。ただし、噴火直後は空気を含んでいるので、自重で空気が抜けると全体の一〜二割ほど厚さが減ることはある。

私のいた場所は斜面であったが、しゃがんでいた腰まで火山灰に埋まった。八丁ダルミでも腰まで埋まっていたという証言がある。一ノ池の斜面を外輪の稜線まで登るときは、膝上まであったので五〇センチくらいだと思う。岩場の溝になっていた場所はもう少しあった。両手を使い新雪をラッセルしているのと完全に同じ感覚だった。

一ノ池も半分を過ぎると脛くらいになったことを記憶している。

推定される噴火のメカニズム

噴火のメカニズムを、及川先生の記述から引用しよう。

「噴火推移は、一・新たな火口が開口し噴火が開始。二・噴火開始とほぼ同時に三〇〜一〇〇度Cほどの温度を持つ火砕流が発生し、同時に多量の噴石も火口から放出。これらの火砕流や降下火山灰には水滴などの液体の水が含まれず乾燥していた。三・火砕流の発生が終了した後、噴煙が上昇して最高高度に到達。そのころから泥雨混じり降下火山灰が降下。四・火口から熱水が溢れ出し火口溢流型泥流として地獄谷を流下と進展した。

このような推移から、噴火メカニズムは以下のように考えられる。①新たな火口の開裂のため過熱水が減圧され、フラッシュ蒸気が大量に発生し噴火。②新たに火口を形成したため固体の噴出物を多量に含む重たい噴煙が形成され、それが崩壊して火砕流が発生。③火砕流として固体噴出物を落としたため、軽くなった噴煙が上昇。上昇による断熱膨張により含まれていた水蒸気が飽和し、水滴となり降下火山灰とともに泥雨として降下。④最後に蒸気になりきれなかった熱水が火口から溢流して火口溢流型泥流として流下。つまり、二〇一四年噴火は、過熱水の急激な減圧によって発生する噴火、水蒸気噴火としては必然的な噴火推移をたどったと考えられる。

また、噴石により多数の死傷者が出たのは、火口からおよそ一キロ以内の範囲であり、水蒸気噴火で飛散する噴石の範囲としては特に広いわけではない。二〇一四年噴火の規模、発生事象、噴火推移などは、水蒸気噴火としてはごく標準的である。（及川輝樹「二〇一四年御嶽山噴火　地質と調査」より）

ここでは、噴石の飛んできた剣ヶ峰、八丁ダルミ、お鉢、王滝奥の院を中心に検証してきたが、二ノ池周辺、王滝頂上山荘手前や覚明堂付近でも熱風と暗闇になっている。誰もが体験したことのない「噴火」に遭い、死を意識し、死を覚悟したのではないだろうか。

今回の噴火は、突然始まったときが最も激しく、一時間後の十二時五十分ころには終息していった。

及川先生が、被害を拡大した原因にあげている「噴火のクライマックスが開始直後であり、逃げる時間がなかったこと」と重なる。登山者にとっては、逃げる時間はあったといえばあったが、ほとんどないに等しい、秒単位の時間だった。ゆっくり噴火が始まっていたら、登山者にも逃げる時間はあり、もっと多くの命が助かったと思う。一九七九年の噴火はゆっくり始まったことで登山者は逃げることができ、また登山シーズンを過ぎていたことで山頂部に登山者は少なかった。そこが、今回と同じ規模の噴火でありながら、被害がなかったことの決定的な違いであろう。

災害に遭うということは死を受け入れることだ、と自分が遭って初めて認識した。

水蒸気噴火は予知が難しいといわれるなかで、「登らない」という選択以外で登山者は何ができるのだろうか？　どうすれば命を守ることができるのであろうか？

結果論になるかもしれないが、噴火前にできたこと、噴煙を見てからするべきだったこと、噴火後何をしなければいけないかということを、きちんと整理するべきだろう。御嶽山噴火と向き合い、反省するところは真摯に受け止め、教訓を学び取らなければいけない。そして伝え、生かさなければいけない。

「活火山は噴火する」という最悪の事態を想定し、今回得た教訓を元に、できる最大限の準備を怠ってはいけない。噴火という自然現象に遭えば、人間は無力だが、考え、知り、備えることでは決して無力ではないと思う。

噴火災害で犠牲になる登山者は今回が最後であってほしい。犠牲になられた六十三人の登山者はそう切望しているに違いない。

今回お世話になった、及川先生の言った忘れられない言葉がある。

「正しく知り、正しく恐れる」という言葉である。

日本は火山列島である。火山を理解して知り、親しみ、そして火山には危険があると正しく恐れることが、突発的な噴火に遭遇しない近道であるという。そして山梨県立富士山科学研究所の吉本充宏先生は、「私は科学者なので、災害の軽減を科学でなんとかしたい気持ちもあります。しかし、科学も大事ですが、人の命を救うためには手段を選んでいられないような気がしています。これだけ自然災害の多い日本です。もっと初等教育や中等教育で、自然の素晴らしさとその脅威を教え、そのなかから生きていくための知恵を身につけていただきたいものです」という。科学から得られる知識を身につけ、準備を怠らず、理屈抜きで異変に反応できる本能を磨きたいものである。そうでなければ、災害に巻き込まれたとき、生き抜くことは難しい。

最終的にはやはり「自分の命は自分でしか守れない」、私は噴火に遭ってそう強く思った。そのためになにをするべきなのかが、今回学ぶべき教訓なのだろう。

第三章

噴火の爪痕

困難を極めた捜索活動

御嶽山噴火による救助、捜索活動は、噴火翌日の九月二十八日から十月十六日まで、十九日間に及んだ。二十七日は二の池新館、王滝口登山道八合目まで救助隊は入ったが、そこにいた生存者の救助で手一杯だったのと、噴火の現状がまだ見えないことから山頂部に進むことはできなかった。

火山性微動、火山ガスの確認や、台風などで中止せざるを得なかったなかで、実働十二日間にわたる捜索が続いた。台風の通過で灰が粘土状になり、歩くのも困難となり、日に日に寒さが増し、またいつ噴火するか予知できない、そんな想像を絶する過酷な状況のなかで、延べ一万五一七六人が命がけの任務にあたった。

しかし、十月十五日、初冠雪。翌十六日に捜索の打ち切りが発表された。

噴火翌日の九月二十八日、山小屋や岩陰で救助を待ち、長い不安な夜を耐え抜いた生存者二十四人を救助した。そして連日過酷な状況下で続けられた捜索で、命を落とされた五十七名の登山者を麓に下ろした。残念ながら六名は行方不明のまま、翌年の再捜索に持ち越された。

救助、捜索に関わったすべての方に、心から尊敬と感謝を申しあげたい。
ありがとうございました。

＊

御嶽山噴火災害は、他の災害とは大きく違う点がある。それは間接的には地元に大きくのしかかる災害ではあるが、直接の噴火の被災者はそこに住んでいる住人ではない。噴火災害に巻き込まれたのは、山小屋関係者以外は山を楽しみに来ていた登山者である。かといって登山者が噴火に巻き込まれたのは、たまたまその日のその時間だった。噴火に巻き込まれたのは、登山者にはどうすることもできなかった自然の営みである。山を下りられればそれぞれに帰る家がある。命を落とさない限り、津波や土石流のように根こそぎ失なわれることはない。

噴火災害における救助・捜索に関しては、警察、消防、自衛隊の合同で、縦や横の関係からきっと連携も情報を共有するのも、簡単ではなかったと推測する。どれほど体力があり、日々の訓練を重ねていても、勝手知らぬ山での任務は、疲労、ストレス、そして噴火への恐怖と、想像以上に過酷だったに違いない。テレビに映る隊員の過酷さが、切実に伝わってきた。

長野県警の山岳遭難救助隊や機動隊には、長野県遭対協救助隊の合同訓練で一緒に訓練させていただいた顔なじみの隊員もいた。二次災害だけは起きないように祈っていた。それは突然の噴火から生き抜くことが簡単ではないと、十分すぎるほど私は分かっていたからである。

捜索は続けてほしいという思いと、安否を待つ家族には申し訳ないが、早く終わりにしてほしいという思いが募り、複雑な感情で見守っていた。とにかく噴火だけはしないでほしいと毎日祈っていた。捜索隊一人一人にも帰りを待っている家族や仲間がいるからだ。

通常、十分な安全対策が取れなければ、救助・捜索に出ないのが山岳救助の鉄則である。

「命懸けであっても、命を賭けてはいけない」

それが鉄則である。

突然、噴火した山で、まだ噴煙が勢いよく出ているなか、救助・捜索に行くなど、棺桶に片足どころか、入って救助するようなものだと思う。通常はあり得ない。しかし、行かない選択肢はあのとき、捜索隊にはなかった。絶対命令だった。

そして噴石対策で防弾チョッキや盾を持っていたが、飛んでくる噴石にはそれでは闘えない。ないよりあった方がましだという程度だ。捜索隊員本人が、一番分かって

一ノ池の一面に広がる
固まった火山灰のなかを再捜索する消防隊員。
遠く山並みが美しい

一ノ池の斜面を
隊列を組んで再捜索する
松本市消防局の隊員たち

いたと思う。山頂周辺の地獄と化した状況を見ていれば、そんなもので太刀打ちできるとは思わないだろう。現場に赴いた捜索隊員にとって、どれほどの恐怖のなかの任務だったのだろうか。

中央アルプス遭対協救助隊が所属する駒ヶ根警察署で、御嶽山の捜索状況の報告会があり、噴火の状況の話をさせていただいた。質疑応答の際、逆に御嶽山捜索に翌二十八日から参加していた二人の若い警察官に聞いてみた。二人は中央アルプス救助隊の仲間でもある。「怖くなかったですか」そして「あの状況を見て何を思ったのですか」と。

二人は、恐怖より「生存者がいれば一刻も早く麓に下ろすことと、ご遺体を家族のもとに還すことだけを考えていた」と言った。「凄まじい状況に驚いた」とも言った。そして怖くないと言えば嘘になると付け加えた。一人は幼な子がいた。

剣ヶ峰では地獄谷から「ゴーゴー」と音がしてパラパラ石の粒が降ってくる。厚い噴煙が太陽を遮ると辺りが急に暗くなったという。そのなかで灰色一色の剣ヶ峰は、どれほど怖かっただろうか。

噴火しないという保証はどこにもない。ガスや酸素の濃度が分かる探知機があっても、突然の噴火があれば逃げられる場所は限られている。

硬くなった火山灰に
スコップを振るって再捜索する
消防隊員たち

一ノ池周辺の
岩陰を再捜索する
隊員たち

絶対命令の職務。そして一人一人の責任感と使命感。安全が約束されないなか、その心意気のみで捜索活動は成り立っていたのではないか。

報道では、もっとヘリで隊員を送り込めばいいとか、少しの雨なら捜索中止しないでほしいとか勝手なことを言っていた。時間が限られているのは分かるが、噴煙にはガラス物質が含まれており、ヘリのエンジンが吸い込むことで、最悪の場合、エンジン停止になりかねない。

ヘリで行けば時間は短縮できるが、標高三〇〇〇メートルを一気に行けば体が高所順応できずに高度障害が出る。頭痛、吐き気、だるさ、食欲不振。ハッキリ言って二日酔いと同じである。普通なら半日は動くのがだるいはずである。時間がかかっても登山道を歩いていくほうが体は順応するため、仕事の能率から考えればいいのかも知れない。多くの隊員は高度障害になっていたと推測するが、それを自覚することさえ許されなかった現場だったと思う。

十月十五日に雪が降り、翌十六日をもって、捜索は打ち切られた。残念ながら六名は見つけることができなかったが、十九日間恐れていた二次災害がなくて本当によかった。行方不明者の、下山を待つ家族には耐えられない判断であったと心中察するが、御嶽山は人を寄せつけない季節になっていた。灰は凍り、捜索は限界だった。

打ち切りとともに、夏の再捜索が県災害対策本部長の阿部長野県知事から約束された。

重要な地元関係者の情報提供

捜索で残念だったと思うことがある。民間人が捜索に参加できないのは仕方ない、逆に行けと言われても困る。しかし、現場に行かなくても地元のガイドや山小屋関係者を、いい意味で最大限利用すればよかったと思うのだ。

地元のガイドや、山小屋関係者は、情報提供する準備はできていたに違いない。地形や感覚、「おやま」をいちばんよく知っている人たちである。効率よく集中的に捜索する場所を特定できたり、噴火口の位置から登山者がとっさにどこに逃げるのか想像したり、推測できたりしたはずである。地図では見抜けない、現地をよく知る人にしか分からない感覚は山ではよくある。そしてその感覚はバカにできない。

情報提供だけではなく、話すことができる生存者に聞くのも有効だと思う。噴火時の状況は彼らが一番よく知っている。そこでどう行動するか、行動できるかは、その場所から帰ってきた生存者が一番よく知っているからだ。民間人を巻き込まない配慮だったのか、それともプライドだったのか。

季節的に限られた時間と捜索場所のなかで、集めた情報を最大限活用するには山を最もよく知る地元の山岳関係者の意見は尊重されるべきだったと、私個人は残念に思われてならない。山頂部は広いが、登山者のいた場所はある程度限られている。捜索環境が刻々と悪化していくなか、行方不明者を探すのは日を追うごとに困難になっていったに違いない。

私は噴火から十日後に警察で捜査協力をした。噴火直後、山小屋から救助要請をしてもらったとき、電話番号と名前は伝えてあったので、もっと早く電話がくると思い待っていた。こちらからは、情報提供の電話番号に何度電話をかけても繋がることはなかった。

電話がかかってきたのは、新聞に私の記事が載ったからだった。噴火直後の救助要請は、後日問い合わせたら、通報が集中していたらしく受理されていなかった。捜査協力の内容は、お鉢にいた登山者が何人だったかのすり合わせだった。

このとき、警察は登山届が出ていない登山者もいるため、実際どれほど登山者がいたのか、行方不明者がどれだけいるのか、把握するのにかなりの時間を費やしていたようだ。

噴火当日、十二時五十分過ぎ。視界が良好になり、噴石が止んだとき、私は次の噴火に備えて全身が隠れる場所を探すため行動した。そのとき、お鉢外輪の稜線で男性三名、女性一名の四名の登山者に会っていた。資料を見たら、その場所にいたであろう登山者の人数と特徴が書いてあった。私のことは「三十代単独女性。すぐ立ち去った」と書いてあった。実際は四十代なので、何だか得をした気がした。

ここには、私を除き五名の登山者がいなければいけなかった。しかし、私は四名の登山者にしか会っていない。残念ながら、お鉢で一人が行方不明だと、このとき知った。私は見ていないので、噴火直後にすでにいなかったと思った。

私が会った女性はその後、私と会った大きな岩にもたれ命を落とされたことを知った。だが、残りの男性の件が腑に落ちなかった。三人は無傷だった。私はその場所を立ち去る前に、一人ずつから無傷だと聞いていた。だがその資料では、その場所から移動した所で一人が命を落としていた。そして残り二人もケガをしていた。そのうちの一人が警察に話をしてすり合せの資料ができたと聞いた。

私が会ったときは、皆生きていたのに……。男性三人は確実に生きていると思っていた。私が別れた後、お鉢には再び噴石が飛んできたという。無傷だった男性三人もその噴石に遭ったのだろう。女性は救助されて、生きていてほしいと願っていた。そして行方不明の男性は命を落とされた女性のご主人だったことを知った。噴火する前、私の前を歩いていた二人だった。私はお鉢で会った登山者のその後を知ったことになる。その痛ましい事実に言葉を失い、天を仰いだ。そして静かに涙が流れた。

四人は同じ場所ではなかったが、近くであのおびただしい噴石が降ってくる暗闇のなかを生き抜いた同志のように思っていた。四人全員が無事生きて帰ってきていると信じていた。この現実は悲しく、切なく、そして苦しかった。

それと同時に、私が選んだ一ノ池、二ノ池を突っ切る避難ルートは、スピードが要求されたあのタイミングだけのルートだったと思った。

あと何枚かの写真を見せられた。行方不明の登山者だったが、私は会っていなかった。私は四方から写真を撮られて、捜査協力は終わった。

私は噴火後、まだガイドの仕事があり、その合間に取材を受け、バタバタしていた。なかなかゆっくり時間を作ることができていなかった。

噴火は正味一時間で終わり、見ていた光景は現実離れした通常あり得ない世界だったので、あまり現実として受け止めきれていなかった。というより、受け止めようとしていなかった、というほうが正しいのかも知れない。命を落とされた登山者の人数が日に日に増えていくのも、「なんでだろう、逃げなかったのかな」とぼんやりした気持ちを抱いていた。

命を落とされた登山者は若い方が多かった。「剣ヶ峰で楽しそうにしていた若者たちだったのかな」と、ただ漠然と「かわいそうだったな」と思っていた。

何人かの知り合いも、噴火に巻き込まれていたが皆無事だった。私は噴火の核心部にいながらケガもしていないし、どこか他人事のように感じていたような気がする。多くの登山者が命を落とした現実に感情を入れることを避けていた。

警察で、お鉢の稜線で会った四人のその後を知り、このときやっと噴火が自分のことになり現実として受け止められた。そして大きな岩陰で抱きしめた女性のことが忘れられなかった。どれほど無念な思いで最期を迎えたのだろう。そう考えると、抑えていた感情が溢れ出た。

一瞬落ち込んだが、「彼女の死をムダにしたくない」と強く思った。生かされた自分にできること、するべきことは何かを、考えるきっかけとなった。

それと私が今できることは、私の前を歩いていた行方不明のご主人を見つけるため「何ができるだろう」と考えることだった。

*

十月十六日、懸命な捜索が連日続いたが、ご主人は発見されずに捜索は打ち切りとなった。

行方不明男性の捜索は、女性のいた大きな岩周辺はもちろん、一ノ池、一ノ池西側斜面で重点的に行なわれていたと思う。報道でその周辺を捜索しているのを見ていた。しかし、発見には至らなかった。

男性は写真を撮るのが好きだったというので、噴火直前は二人は一緒ではなかったのではないかとも考えられていた。私は二〇〇メートルほど後ろから、二人が歩いているのを見ていた。私の推測では、外輪に上がった場所は、写真が好きな人なら必ず剣ヶ峰を入れて写真を撮る場所である。女性がいた大きな岩は、時間的にそこで休憩しなければそこにいない場所だった。写真を撮っていなければ、もっと先で噴火に遭ったはずである。バラバラで歩いているパーティはよくいるが、二人の歩く様子を私は後ろから見ていたので、写真を撮っていたとしても、噴火時に二人が離れていたとは思えなかった。

私は、行方不明の男性は一ノ池側にはいないと思っていた。なぜなら、外輪の稜線まで上がってしまうと、一ノ池側は岩場で傾斜もあるため、とっさに隠れるのには難しい。慌てていれば転がり落ちるような場所である。非常事態のなかでの人間の行動範囲と能力は未知数だとは思うが、あの限られた時間では一ノ池側は考えにくい。

十二時五十分ころ噴火が一時的に終わったとき、男性が生きていれば、ケガをして動けなかったのなら無理だったかも知れないが、必ず私を含め五人が会ったお鉢の大きな岩の場所に来るはずである。女性の所に来るはずだと思う。

噴火後の捜索では、噴煙がまだ落ち着いていないため岐阜県側の噴火口側は重点的に探していなかったようだ。

私は噴火直後のお鉢の状況と、二人の歩く様子から、女性のいた大きな岩の近くの岐阜県側にいるのではないかと推測した。どうしても一ノ池側にいるとは思えなかった。再捜索が始まる前に女性がいた岩や岐阜県側の様子、そして二人と思われる登山者を写した写真など集められるものを集め、捜索の何か手がかりになる準備をしていた。そんな情報は、警察ももちろん把握していたと思う。しかし何か役に立つことができないかと模索していた。そして地図と情報だけでは説明がつかない、捜索隊が知り得ない、あの場所のあのときの状況と山ヤが持つ感覚が私にはあった。これは感覚で、それを理論的に説明するのは難しい。

*

再捜索では、限られた時間、人数で効率よく捜索するには、捜索ポイントを絞り込むことが重要で、そのためには情報が何より必要だった。そんなことは県警も百も承知で、もちろん絞り込んでいると思ったが、どうしても見つけてほしかった。命を落とされた女性と行方不明のご主人がせめて同じお墓に入ってほしいと願っていた。

そんな思いで、私は再捜索を待っていた。

再捜索の前に、私は長野県警に電話をした。女性のいた大岩周辺の稜線とその岐阜県側を重点的に探せないかと頼んでみた。それは捜索が終わった後、独自で写真を集め、あの日のあの場所の状況を考え、二人が歩く様子から私が推測した、山ヤのカンだった。そこにいなければ一ノ池西側斜面、一ノ池を探してほしいと。しかし長野県警は、稜線の岐阜県側は探せない。そういう決まりなのだという。融通がきかない。「ああそうですか」とは、私も引き下がれなかった。再捜索のために私なりに準備をしてきていたのだ。県警の方は「ご家族が頼めば状況は少し変わるかも知れない」と教えてくれた。

私は再捜索の日程が決まる前、ご家族に連絡をした。

「女性のいたお鉢の大岩の岐阜県側をとにかく最優先で探してほしいと要望して下さい」と。

家族の方も、噴火口側を行けないのならドローンを使って見てほしいと思っていたようだ。

第三者の私ができることは、このときはもう何もなかった。私の情報はご家族に託した。

その後の再捜索

雪解けが始まると、再捜索の準備が長野、岐阜両県の合同調査隊によりはじめられた。

そして直径一〇センチの噴石が時速三〇〇キロで飛んできても壊れない収容人数二十人のシェルター四基が一ノ池に設置され、九カ月ぶりに七月二十九日から八月六日までの九日間、天候不良で三十日のみ中止したが、残り八日間、六名の行方不明者の再捜索が行なわれた。自衛隊はヘリコプター輸送の後方支援で加わり、長野県警、県内消防による一日約一〇〇人態勢での捜索が実施された。今回は、高所障害や熱中症対策のため山岳医が同行していた。

岐阜県側では、五の池小屋を前線基地として岐阜県警、県内消防による一日二十人態勢での捜索が実施された。

両県とも捜索隊は標高三〇〇〇メートルの乗鞍岳で、高所順応や技術的な訓練を積んで再捜索に臨んでいた。

捜索は早朝が勝負で、昼前には夏山特有の大気が不安定となり雷の危険があるため、昼ごろには終了せざるを得なかった。遮る場所のない山頂部では、突然の噴火だけではなく、雷でも逃げる場所がない。噴火も怖いが雷もやっぱり怖い。

前回はなかった地獄谷や八丁ダルミなど、捜索隊が踏み込めない場所ではドローンでの捜索も試みられたようだ。

中央アルプス救助隊の仲間の消防署員二名も捜索に行っていた。行く前に話ができたので、常に最悪の事態を想定すること、噴火したらとにかく噴石から身を守る行動をすることを伝えた。消防隊員からは、「捜索に夢中になっていると、危険な場所に来ていることに慣れてしまいそうになるが、もし今噴火したらどこに隠れよう」そんなことを考えながら捜索していたと後から聞いた。

金属探知機は、性能がよく細かい釘などにも反応してしまい、大変だったようだ。そんななか行方不明者のカメラを発見した。しかし、本人の発見には至らなかった。

七月三十一日。お鉢の稜線は長野と岐阜の県境となっている。女性のいた大岩近くの岐阜県側の岩陰でザックのファスナーが金属探知機に反応し、岩陰にザックで頭を守った状態で行方不明のご主人は発見された。灰の深さは七〇センチほどあったようだ。灰のなかから丁寧に岐阜県捜索隊が掘り出し、一ノ池で長野県捜索隊に引き渡され麓に下ろされた。

大型のヘリコプターから飛来、
一ノ池周辺の再捜索に向かう
消防隊員

私は仕事で山から下りてきたとき、携帯にご家族から着信があったことに気づいた。折り返し電話をかけると、「まだ正式発表はないが、発見された場所と当時の服装、ザックの色、多分そうだ」と知らせてくれた。私は「ほんとうによかった」と思った。このときは安心して涙が流れた。

電話の向こうのご家族の声も安心した声に聞こえた。二人が命を落とされた事実は何も変わらない。しかし、九カ月という時間が悲しみをも超え、発見された安堵感となったと感じた。

ご家族はどんな時間を過ごしてきたのだろうか。

私は悲しみと、安堵感の交錯したご家族にしか分からない感情を考えると苦しくなった。しかし、発見されて本当によかった。これで二人がお墓で一緒になれたことに私は安心した。そして二人の無念さを忘れてはいけない、そう強く思った。

翌日、正式に身元の発表があり、女性のご主人であった。

残り五名の捜索も連日続いたが発見されることなく八月六日再捜索、そして御嶽山噴火災害における捜索はすべてを終了した。残念ながら行方不明者全員の発見は叶わなかった。

そして現在、民間での捜索を視野に入れ、家族会と地元山岳関係者を中心にドローンを使い捜索できないかと、準備が始まっているという新聞記事を見た。

近い将来、五名の登山者が家族の元に帰れる日が来ることを心からお祈りしたいと思う。

取材と報道、伝えることの大切さ

私は、噴火後、多くの取材を受けてきた。

それは私が単独で、仲間を失っていないため精神的な負担が少なく、また山に携わる仕事をしながら、生きて帰れたガイドの義務だと思ったからである。そして何より、どんな現実が待っていようとも、正確な情報を知ることが必要だと考えるからである。

私自身に次のような経験がある。

結婚して間もないころ、夫が業務で乗ったヘリコプターが墜落した。そのときの情報は「墜ちた」というものだけだった。それ以外、詳細な情報はなかった。日没間際、報道のヘリが標高三〇〇〇メートルの雪面に横たわる機体を写し出した。近くに小屋もあり、避難できている様子だった。

どこからか、オートローテションで着陸したという情報が流れ、私はひとまず安心していた。オートローテションとは、ヘリコプターはエンジン故障などで動力を失っても、すぐには墜落しないように自動回転と呼ばれる飛行方法によって穏やかに降下することができる。竹とんぼがゆらゆら下りてくる感じだろうか。ヘリ墜落の第一報を入れたのは夫だったので、その時点での生存は確認できた。

しかし映像で見たヘリコプターは、オートローテションではなく完全に前方部分はつぶれ、素人が見ても雪面に激突したと分かる状態だった。

夜になっても、知り得た情報は水晶小屋付近に墜ちたことと小屋に避難できているであろうことと、翌日、救助のヘリが飛べば富山市内の病院に収容されるということだけだった。私は東京から五〇〇キロ離れた富山に、夫が「生きている」ことを信じ、祈りながら夜中車を走らせた。

幸運なことに翌日は快晴で、夜明けとともに救助が始まり、夫は一時心肺停止と言われたが、それも誤報であり、重傷ではあったが生きていた。

このときは、情報がないうえにどの情報を信じていいのか分からず、不安だけが膨らんでいった。情報は間違っていたとしても、訂正されることはほとんどない。そんななかで最悪の事態も考えた。いずれ分かるであろう現実を、受け止める準備がまったくできていなかったが、たとえ最悪な情報であっても、信用できる情報が何よりほしかった。それ以外の情報は一つもほしくなかった。

事故は突然起きる。心構えなどできないのは当然である。しかし正確な情報を得ることは、その後の現実を受け入れるのにとても必要だと考えた。

一番ほしい正確な情報

御嶽山の噴火後、最初の取材は、警戒レベルが引き上げられたことによる規制で、開田高原経由、国道十九号の途中にあるゲートを出た所だった。

そこで三社の取材を受けた。記者が、御嶽山をまったく知らないので説明するのが大変だった。私が見たのは少し後だったが、その記事はすぐにネットニュースに出たようだ。内容は事実と異なっていた。私は剣ヶ峰にいたことになっていた。ただ大変なことが起きたのは伝わったと思う。あんなに丁寧に説明したのに、こんなものかとがっかりした。

その記事で、匿名にしていなかったのでその後、取材依頼が殺到した。

翌日の燕岳登山から下りてくると、登山口にも報道の記者が来ていた。この先まだガイドが残っていたので、山にいるときは取材をお断りしたが、そうでなければ断らずにできる範囲で取材は受けた。それは当然、事実を伝えてくれると思っていたからである。

このとき、私はある程度は覚悟していたつもりだが、報道の本当の怖さを知らなかった。編集されたテレビと記者のセンスのみで書かれた新聞のどちらも、唯一、正しかったのは年齢だけだった。

編集されたテレビでは、私が言った「自己責任」という言葉が一人歩きをしていた。はっきり覚えていないが、その「自己責任」と答えたときの質問は、「警戒レベルが一のままでした。そして十分前に異変があったようですが、そのことに何か意見はありませんか」といったものだったと記憶している。

私は、すぐに報道が得意とする責任追及の筋書きが見えた。その質問に対して、私は自身の判断で御嶽山を登っていたので、誰の責任でもなく「自己責任」だと言ったはずである。私も山ヤの端くれだ。私は、自然相手の山で起こるすべてを受け入れる覚悟を持って山に登っているつもりだ。「水蒸気噴火は予知できない」と言われれば、その言葉を受け入れるだけである。実際、暗闇の岩陰で「レベル一なのに、なんで噴火してるの」と思ったが、人間がどう頑張っても自然の営みを手中に入れることはやはりできないと変に感心、納得していた。他の登山者は、どんな思いで登っているのかは知らない。

しかし編集されたテレビでは、生存者のガイドが冷たく、「自己責任だから仕方がない」と言い放ったように聞こえたと思う。実際、私にはそう写った。安否がまだ分からない家族には、どのように私は写ったのだろうか。言葉だけ切り取られる。それにこちらが意図していないことも繋ぎ合わせられると、あたかもそう言っているようになる。取材する側はほしい言葉が決まっていて、その言葉を言うまで質問を替えて聞いてくる。本当に怖いと思った。

ワイドショーでは、とにかくインパクトが何より大事である。私が言った「軽トラックほどの石」が相当気に入ったらしく、その言葉だけをほしがる。「ガイドの下見で単独」なんて、どうでもいい情報なのだ。

そのおかげで私は、お客さんを置いて自分だけ助かったガイドだと思われ非難された。今もそう思っている人がいるから、テレビの影響力は絶大だと思う。最初に知った情報が間違っていても、なかなか人間には修正することができないのかも知れない。

その後、すべての取材に「ガイドの下見で単独」という言葉を必ず入れてもらうようにした。取材はもちろん無償で、時間だけが費やされた。

新聞に関しては、記者のセンスだけだと思っている。事実関係のみを並べるのならいいが、そこに話を聞いた記者がこちらの気持ちを書くとなると、私たちは何もできない。こちらが意図していなくても、記者がそう感じたのならそれが正しい。

テレビも新聞も事前に内容を確認できず、放送されて、新聞を見て初めて内容が分かる。私自身、首を傾げる内容であっても、世間に出ればそれはすべて私の言葉になった。世間に出れば報道側に非があったとしても、訂正はしてくれない。恨みも批判もすべて私に向けられる。記者からは「すみませんでした」の言葉で終わりである。それは、なかなか辛いものがあった。

捜索が順調にいっているときは良かったが、思うように進まなくなってきたとき、報道がしたのは「ヒーロー探し」だった。それまでの報道で過酷な状況ということが分かったところで、「そのなかで自分の命もかえりみず登山者を助けた人はいないか」と必死に探し始めた。

そんななか、剣ヶ峰の岩場で寒がる小学生の女の子にジャケットを貸した青年がいた。青年と女の子は最初の噴石は凌げたはずだが、残念ながらその岩場ではない場所で、その後命を落とされている。過酷な状況でも人を思いやる青年に世間は感動したはずである。私自身あの過酷な状況のなかに、そんな青年がいたことに驚き、敬意を持っている。生きて帰ってきてほしかった。

しかし、その報道は生存者にはどう映ったのだろうか? どう聞こえたのだろうか?

多くの生存者は、連日流れる報道を見ていたに違いない。頂上周辺にいた登山者は、痛ましい報道を他人事ではない、と感じていたはずである。

そのなかで青年の行動を知ったとき、自分の命を守ることで精一杯だった生存者は、何もできなかった自分を責めはしなかっただろうか。「何かできたのではないか」そう自分を責めてはいないだろうか。あの場所にいた者にしか分からない、自分の命を守ることさえギリギリだったことを。

生存者が一斉に自責の念にのみ込まれた報道だったと私は感じた。もちろん事実だから報道するのはいい。青年と女の子は、噴火当初、女性二人と四人で岩陰にいたという。その一人は私ではないかという問い合わせもあった。私は剣ヶ峰にはいなかった。青年の行動に世間が感動している裏で、生存者がどんな苦しい感情を持っているかなど、きっと報道する側は知る余地もないだろう。それが報道の自由でもあるのだろうから。私は生存者として、この報道を手ばなしで感動して見ることはできなかった。思うところが多かった。

加熱する報道合戦は、安否を待つ極限状態の家族にも容赦なく向けられた。それはストレス以外の何物でもない。現状を伝えることが仕事だと理解もできるが、限度はあるはずだ。

不満ばかり書いてしまったが、私自身への取材では結局、私の伝える言葉がまったく足りていないからだと受け止めている。

伝えることの大切さ

「正確な情報を伝えたい」そう思っていたが、すべてが伝えられたとは思えなかった。報道では、噴火から登山者の命を守るのに最も大事なものは、どうやら「ヘルメット」と「シェルター」で一件落着してしまったと私は感じた。まさかそこに落ち着くとは思ってもみなかった。

「嘘だろ。それも一理あるが、そんな単純なことではないだろ」

それならいっそ「活火山全山登山禁止」と言ってくれる方がどれだけ斬新かつ確実だろうか。

伝えたいなら、直接自分で伝えればいい、私はそう考え、それしかないと思った。しかし、自分に何ができるのか分からなく、自信もなかった。

そんなとき、救助隊の先輩が「お前がやらなくて誰がするんだ」と言ってくれた。そして「俺がいたら俺がやるだけよ。そこにいた奴がやるだけよ。その場にいた奴にしか噴火のことは分からないんだから」そう背中を押してくれた。

私は、噴火一カ月後に合わせ「御嶽山噴火に対する思い」という手記を書いた。そこには思ったことや、感じたこと、見たことを自分の言葉で書いた。歩く以上に疲れ、しんどかった。歩く方が向いていると、つくづく感じた。

機会をいただければ、講演もさせていただいている。御嶽山噴火は、衝撃的な映像と写真から世間に注目された。しかし戦後最大の火山災害ということだけを強烈に人々の記憶に残しただけで、多くの人は何が起きていたのか知らないし、天災だからしょうがない、で終わっていると感じられる。講演で直接話をさせていただくと、聞いた方からは、噴火はもちろん怖いがそれだけではなく、楽しいだけではない自然との向き合い方を改めて考える機会になったとか、自分の命を守るためにできることを考えたいと言ってもらえることも多い。多くの登山者が命を落としている現実のなかで、講演では、言いたいことを言えばいいというものではない。すべての言葉に責任をとる覚悟でいる。

あの場所にいたから言わなければいけない言葉がある。あの場所にいたからこそ言えない言葉がある。

私は講演で使う写真を多くの生存者から譲っていただいた。どの写真も貴重な写真である。寒気がするくらい恐ろしい写真である。言葉では伝えきれないことを写真は一瞬で伝えてしまう。「そのとき」を切り取っている。講演ではその写真に助けられている部分もあるが、やはり写真を撮ることより、危険と判断し一秒でも早く命を守る行動が大切であると伝えたい。

登山者が命を守る行動より優先して撮ったその写真を使いながら、伝えていることに矛盾があるのは気づいている。

私は噴火を体験しただけのことで、ハッキリ言って人間として未熟である。言葉や考えが足りなかったり、また想いが強過ぎて思うように伝えられているか不安はあるが、あの場所にいた者として自分なりに伝えようとしている。あの場所にいながら、「運がすべてでした」と言って、しれっとガイドを続けるのなら、私がガイドでいる意味があるのだろうか。あの場所にいたのなら、伝えなければいけないことは必ずあるはずだと思う。

大勢の前で話したりするのは緊張するし、しなくていいのならしたくはないのが本音だ。誰か代わりにしてほしいとも思っている。

だが、なぜかあの時間、山頂周辺にガイドはいなかった。私しかいなかった。

言葉を選び準備をして講演に臨む。質疑応答も本音で答えたいと思っている。そう思いを込めて講演をしているが、ここでもそれを聞いた記者が書いた記事が私の言葉になってしまう。

講演のなかで私が生きて帰って来られたのは、「瞬時の判断」「身についた技術」

「運」をあげている。しかし、ある記者が書いた記事には「運」が抜けていた。その記事を読んでまたクレームがくると思った。案の定、裏を返せば命を落とされた登山者には、「瞬時の判断」「技術」がなかったと聞こえるとクレームがくる。また恨まれてしまう。

そんなつもりはもちろんない。クレームを怖がり、伝えることを放棄すれば、やはり「運がすべてでした」と答えるしかない。もしそうであれば、残念ながら噴火から学び取るものは何もない。噴火に巻き込まれれば、同じように多くの登山者が命を落とす。この先何も変わらないだろう。

記事は記者のセンスに左右されるが、あまりにもひどいと思い、記者に問うた。返事は「運を書くのを忘れていました」だった。その記者にとって「運」という言葉はさほど重要でなくても、御嶽山噴火ではこの「運」という言葉は非常に重要である。忘れてはいけない言葉であると私は思っている。言葉の重みを一番知っているのは記者ではないか。この記事には悪意さえ感じられた。多くの判断、そして技術も確かにあった。しかしそれだけでは帰ってはこられない。運をつかむことができなければ今生きてはいない。そんなやり取りで、いい加減嫌になった。

噴火直後、取材を受けていた生存者は何人もいた。しかし皆取材を受けなくなった。

きっと自分が意図しないことを書かれたりしたからだろう。

「生死を分けたものは何か」と必ず聞かれたはずだ。そのとき素直に答えれば、それは裏を返せばあたかも命を落とした登山者が劣っていたかのように捉えられてしまう。

そんなつもりがあるわけない。生死は紙一重だった。自分が命を落としてもなんの不思議もない状況だった。むしろ生きている方が不思議なくらいだ。

噴石の飛んでくる方向、はね方は「運」でしかない。そうした「運」以外で考えるならばという意味で答えていたはずなのに。

「噴火を風化させたくない、この先に繋げてほしい」、その一心で取材を受けてきたのではないか。

私自身、何度記事を見てがっかりしても、「噴火が過去のことになるのにはまだ早い」と思い、依頼された取材はすべて受けてきた。

「この記者なら伝えてくれるかな」という期待をもって、取材は断らなかった。

そう思っていたのは生存者の思い違いだったのかも知れない。生存者が語ることで傷つき、心乱れる方々もいる。生存者とて傷つき、苦しい感情をかかえ今を生きている。

取材を受ければクレームが入る。そしてクレームを察した記者の書いた、当たり障りのないその記事は、ふわっとしていて一見やさしいが何も心に響かない。だったら「取材は受けたくない」「黙ればいい」誰もがそう思うはずだ。私自身、今そう思っている。だが生存者が黙れば、風化は加速されるだろう。

世間では「御嶽山噴火」が過去になり忘れ去られても、私のなかではあの日の記憶がなくなることは決してない。どれほど時間が流れても当事者だけは忘れないはずである。

噴火の恐怖は、あの場所にいた者だけにしか伝えられない。写真や映像からの推測や想像を超え、恐怖はそれ以上である。

心に問いかける記事とは

私は取材で多くの記者に「ガイドで救助隊員なのに、なぜ一人で逃げたのですか？四人の登山者と一緒にいようとは思わなかったのですか？」と聞かれた。この質問をしてきたのは、たいてい若い記者だった。噴火はおろか山自体がどんな所かも分からないであろうから、純粋にそう聞きたかったと思う。推測だが、ガイド、救助隊員は人を助けるのが当たり前だと思っているのだろう。それは状況による。救助は「命懸けでも、そこに命を賭けてはいけない」、それが救助の鉄則だと私は心得ている。

そして一人より四人といた方が心細くないだろう。単純に山に登ったことのない記者はそう思っただけだろう。私が同じ立場だったらやっぱり聞いてみたい。

私はガイド中でも救助中でもなかった。単独だった。四人の登山者に会ったとき、噴火が終ったとは思っていなかった。だから自分の命を守ることに徹した。生きることに執着した。その判断、決断は間違っていないと信じている。

「一緒に行きましょう」、それは一見やさしい言葉に聞こえるかもしれない。だが、あの状況でそれほど無責任な言葉はないだろう。

今生きているので、何の確信もないが私の直感は正しかった。それは、結果が分かっている今だから言える。あのとき、この先どうなるのかも、何が起こるのかも分からないなかで、どれほどの技術、体力、精神力を持っているか分からない登山者の命を預かることなどできるわけがない。瞬時の決断で一ノ池を突っ切ったが、あのとき、噴石が飛んできていれば何も遮るものもない一ノ池で私は死んでいただろう。亡骸さえ見つかってない可能性もある。ガイド、救助隊員だからこそ、安易に人を巻き込む判断をしなかった。

剣ヶ峰ならすぐ下に小屋がある。そろって行動することも可能だと思うが、お鉢には小屋がない。行動することがいいのか、留まることがいいのか、あのとき判断はできない。

　稜線で会った四人は生きていた。あのおびただしい噴石が降ってくるなか、大きな岩陰によい場所を見つけて生きていた。私も四人の近くに隠れる岩を見つけることができていたら、また違った行動をしたのかも知れない。その状況になってみないと分からないが、ただまずは自分の命を守ることを最優先したはずだ。

　ガイド中、救助中、仲間と一緒でも、「自分の命が守れなければ、人の命は守れない」という考えはどんな状況でも変わらない。

　それが山で身につけた揺るぎない私の信念である。

＊

　報道に関してはきっと嫌なことが多かったのか、不満ばっかりになってしまった。新聞に記事として書けるかは別として、記者それぞれの伝えたいという気持ちは私自身には伝わった。御嶽山の地図を事前に準備して、地図を広げて話を聞いてくれる記者もいた。登山者の気持ちが分からないといって、実際、御嶽山の行ける所まで行ってきたという記者もいた。それぞれが、多くの尊い命を失った痛ましい事実を真剣に伝えようとしたと思う。

　映像では噴火後の御嶽山の様子を見ることができた。私以外の場所の噴火の状況も報道を通じて知ることができた。

　報道は、噴火の状況、捜索の状況など、状況を伝えるのは得意だと思う。しかし日本の報道は、災害の教訓を伝えることには残念ながら得意ではない。なぜなら不特定多数の世間の声がとても大事だからである。感情に流され本質を知ろうとしない無責任な世間の声を大事に思えば、当然言っていいこと、言わない方がいいこと、言ってはいけないことが出てくるだろう。

　たいてい言ってはいけないことが教訓の核心ではないかと私は思っている。その言ってはいけない教訓の核心は、災害で犠牲になった方の行動を非難しているように捉えられかねないからではないか。生き残った人の行動は、裏を返せば犠牲になった人があたかも劣っていたかのように捉えられるからではないか。教訓を伝えようとすれば、それは死者に鞭打つことと批判されるからではないか。

　残念なことに教訓はいつも結果からでしか分からない。だから御嶽山噴火でも結果を知った上で一番大事な「噴火で同じように登山者が命を落とさないために何をするべきか」という教訓の部分になると、「登山者が何をするべきだったのか」という部分は、命を落とされた登山者の行動を批判していると捉えられるから、報道では語られない。その代り、警戒レベルを据え置いた気象庁、活火山だと周知しなかった行政、御嶽山が気軽に登れる山だとアピールしすぎた関係各所が非難される。さすがに張本人の御嶽山は責められてはいなかったが、誰が悪いという責任追及がはじまる。

災害時において責任の追及が必要なことは分かるが、関係者が謝罪したとしてもそこで終わるだけで、同じように命を落とす登山者を出さない減災に直結するとは思えない。犯人探しは、犯人が見つかった時点で終わりである。その先はないだろう。災害を人間が阻止することはできないが、多くの犠牲と引き換えに得た教訓は伝え、生かさなければいけない。

報道人も何を伝えるべきか当然分かってはいるが、世間に受け入れられる報道を重視すると、教訓はぼやけるどころか何が教訓なのかさえ分からなくなる。世間に受け入れられる報道では、受け入れられはするが結局何も伝わらない。後になると記憶にすら残っていない。御嶽山噴火では、登山者の命を守るには、シェルターとヘルメットが必要だと報道していたと記憶している。否定する気はないが、その二つがあれば本当に登山者の命は守れたのであろうか。シェルターとヘルメットで安心するのはいいが、安全とは違う。

登山しない人にとってみれば、山頂で噴火に遭い命を落とすことなど一〇〇パーセントない。登山者でも活火山に登らなければいいだけの話である。そんな特異な噴火災害でご遺族を傷つけ、死者に鞭打ってまで教訓を伝えるよりは、やはりヘルメットとシェルターで一件落着させる方がいいのだろう。世間ではそれでいいのかも知れないが、登山者だけはそう思ってほしくないと私は願っている。

今までなんとなく見ていた報道に、実際、自分が取材の対象者になって良くも悪くもいろいろ勉強させていただいた。

いろいろな事情も察するが、記者が伝えようとすることを諦めたら記者ではない。言葉を生業にする者として当たり障りのないふわっとした記事ではなく、心に問いかけるような記事を期待している。そこで問いかけを考えることができたのなら、御嶽山噴火は世間では過去になっても、問いかけを考えた人の心には必ず記憶として残ると思う。

「戦後最大の火山災害」そんな枕言葉はいらない。火山列島日本で、この先、御嶽山噴火から何を学び、伝え生かすのか。それをどう報道していくのか。

人間がたとえ噴火を完璧に予知できる日がきたとしても、噴火を阻止することはできない。そのことを理解した上でできるのは、火山防災を考え、最大限の準備をし被害を最小限にする「減災」だけではないか。

御嶽山噴火が風化されれば、噴火が生活の一部である地域の人以外、多くの人は火山防災すら忘れてしまうかもしれない。そのために何を伝えられるのか。そして噴火が風化しないために何を伝え続けるのか。期待を込めて見守りたいと思う。多くの人に伝えることができるのは、記者の言葉と写真、映像。やはり報道しかないのが現実である。

生存者の自責の念

「生存者」と呼ばれるのは、生還ガイドと言われるよりはまだいいが、ハッキリ言って好きではない。そう言いながら、私も噴火から生きて帰ってこられた登山者を「生存者」と書かせてもらっている。分かりやいので、そう書かせてもらいたい。

噴火のなかを、生き抜いた登山者何人かに会うことができた。講演をさせていただいた後に声をかけてくれた人もいる。なぜか決まって、「生きていてくれてありがとう」と言って握手をする。

噴火に遭った場所は違うが、噴火口に近かった場所にいた生存者は、話をしなくても不思議と同志のような感じになる。それは噴火の恐怖を共有しているからだと思う。あの空気感と恐怖感は言葉ではうまく話せない。あの場所にいた人にしか分からない。そして生きて帰ってこられた後もいろいろあったと推測できてしまう。それでも私に声をかけてくれたことや講演を聞きに足を運んでくれた行動を思えば、あの日の記憶を乗り越えようとしていると感じられる。言葉には出さないが、言いたいこともたくさんあるのだろう。

あの日、御嶽山に登っていた人それぞれに想像を超えたドラマがあったと思う。私自身、予定が変わり二十七日に登ることになり、朝出遅れ、核心部で噴火に遭った。

身内には、「ご先祖さまが助けてくれた」と言われたが、噴火直前まで自由にさせておいて、それはどうだろう。欲を言えば、もっと早い段階で手を打って助けてほしかった。いっそ予定通りに違う日に登らせてほしかった。いずれにしても助けてくれたのなら、ご先祖さまに感謝をしたい。

その反対に、御嶽山に登るのを予定していたが、変更して他の山に登った本当にラッキーな友達もいた。

私の前を歩いていた強力さんも、頂上の小屋に行こうとしたとき、家族から連絡が入り九合目から下りていたという。先輩のガイドも時間が早かったので難をのがれただけで、噴火したのが十一時五十二分という山の都合だっただけだ。お鉢廻りもしていたので、その時間だったらと考えただけでも恐ろしいと言っている。

何かの縁で、あの日を選んで登っていたのだろうか。そしてそこで会った人も何かの縁なのだろうか。忌まわしい記憶でもあるが、噴火を通して多くの方にも会えた。会えた人の縁は大切にしたいと思っている。

同志のように感じる生存者でも、「誰と、どこにいたか」で抱える感情、苦しみももちろん違う。仲間と、家族と登っていて、そのうち誰かが命を落とされていたら、噴火の話など一生したくないと思うのは当然だと思う。

本を書くために、何人かの生存者の話を聞かせていただいた。思い出したくない記憶であろうが、協力してもらい心から感謝している。剣ヶ峰にいた生存者は、噴火の恐怖だけではなく、噴石に倒れた多くの登山者を見ているので、心の傷が話していても伝わってくる。

私は、お鉢の岩陰で「噴火は剣ヶ峰にいるときだったらよかった」と思っていた。なぜなら小屋に逃げ込めたのと、小屋で命を落としても遺体は確実に見つかると思ったからだ。私のいた、登山道から外れた岩陰では、もし岩の下敷きになったら見つかる可能性は低いと考えていた。

しかし剣ヶ峰の惨状を知ると、登山者の少なかった「お鉢でよかった」と思っている。私のいた場所は、噴石が最も長い時間飛んできた場所だったようで、噴石の凄まじいスピード、破壊力は思い知らされたが、噴石が登山者に及ぼす恐怖は見ていなかった。本当の地獄は見ていなかった。

噴石に倒れていく登山者を見た生存者が、何も話したくないと思うのは当然だと思う。私が剣ヶ峰にいたとしたら、噴煙と舞い上がる噴石を見て、「逃げろ」と大声で叫んで即座に小屋に逃げたはずである。どれほどの時間があるのか分からないなかで、写真を撮っている登山者、噴煙を見上げている登山者の肩を一人ずつたたいて避難を促すことはしていない。「自分の命を守れなければ、人の命は守れない」と、その言葉通り行動したに違いない。

しかし、小屋にいたら「何かできた」と、後から思ってしまったかも知れない。私は小屋のない場所だったからこそ、噴火を五感で感じることができた。登山者のいないしがらみのないあの場所でなければ、噴火の恐怖を伝えることはできなかったと思う。かりにガイド中だったら何ができたか考えた。私のいたお鉢の外輪手前で噴火に遭っていれば全滅だっただろう。ただ実際のガイド山行ではお鉢には行かないことになっていた。

あの日、剣ヶ峰からお鉢の外輪にかけては登山者は少なかった。剣ヶ峰に向かっていた登山者に、私は誰ともすれ違ってはいない。生きて帰って来られたのは「奇跡」と言う人もいるが、それよりあの時間、地獄谷の脇に登山者がいなかったことの方が奇跡だと思う。あの場所は、八丁ダルミよりさらに隠れる場所がなく、噴石が一番飛んできたようだ。あの場所に登山者がいれば、確実に命を落としていただろう。

私自身二十秒噴火が早ければ、全力ダッシュしても岩陰には入れなかった。生きて帰ってくることは、あの場所にいた時点で叶わなかった。

ガイドとして私ができたことといえば、まずコースの説明をしたときに活火山であることを伝え、九月十、十一日と地震が多くなっていたことを説明するくらいだろう。そしてタオルを首にかけ、山頂部では休憩を短くしたぐらいかと思う。いずれにしても私自身が山で起きる危険のなかに噴火を想定していなかったのだから、上っ面だけの説明しかできなかったと思う。

そして噴煙を見て、お客さんに「逃げろ」と叫ぶ以外、できることは何もなかったと思う。すぐ後ろのお客さんは何とかできたとしても、一番後ろのお客さんまではどうにもできないのが現実だろう。「噴火した。逃げろ」という言葉を聞いて、お客さん自身がどう行動できたかだけだ。

噴火後、私が無傷で生きていたら、生存しているお客さんの状況で対応したと思う。ケガして動けなければ、できる範囲で処置して、次の噴火に備え岩陰に隠れ保温し救助を待った。歩けるお客さんは様子を見て、二ノ池本館か状況次第でその下の石室山荘まで連れていく努力はしたと思う。命を落としていれば、速やかに搬送できるように準備しただろう。

いずれにしても、ガイドは今後一切していないだろうし、取材は一切受けてはいないだろう。

あの状況で自分以外の命を守るのは、世間が想像するより困難だということを伝えたいとは思ったはずだが……。

ガイドができることは、山に踏み込む前に、噴火のリスクを、「共通意識」としてどれだけお客さんに強烈に意識してもらえるかだけだと思う。誰もが「自分は大丈夫」と思うなかで、どれだけ最悪の事態を想定し、お客さんに噴火のリスクを説明できるかだと思う。ガイドが「噴火した、逃げろ」という言葉を聞きどう行動するか、生き残る可能性を上げるのはお客さん自身でしかない。彼らに危険に対する共通意識を持ってもらえるようにするのが、ガイドの使命ではないだろうか。

ガイドは最善を尽くし、想定できる危険や、回避可能な危険を予知しなければいけない。「危険に遭わせない」ことが、ガイドの仕事で最も重要な「リスク管理」である。

危険に対して最悪の事態をどこまで想像できるのか、危険に対しての引き出しがどれほどあるのかだと思う。言うのは簡単だが、それは経験の差でもある。

たとえ完璧に危険を予知できても何が起きるのか分からない。それが、一〇〇パー

11時20分ごろ、噴火直前の御嶽山。
当日、一ノ池外輪から剣ヶ峰頂上にかけて、
登山者はほとんどいなかった

セントの安全が約束されていない自然ではないだろうか。ガイド料を払っても、残念ながら安全を手に入れたことではない。

最終的には、「自分の命は自分でしか守れない」と私は思っている。お客さんを危険から守れる可能性がある限り、守りたい。しかし突然の噴火からは、どう考えても彼らを守れる可能性は低すぎる。

噴火からお客さんを確実に守りたいなら、「活火山に登らないこと」、残念ながらそれしか私には思い浮かばない。

自責の念からの解放

個人的なことで申し訳ないが、私には会いたい生存者がいる。その人は噴火直後、私の隣にいた単独の男性である。

個人情報保護法で、その男性にたどり着くことはできなかったが、ケガをされ、翌日、救助されて生存しているようだ。いつか話せる日が来たら、話がしたいとずっと思っている。

会えて良かったと思う生存者がいる。それは第一章「運命の一日」で八丁ダルミにいた佐藤さんである。松原スポーツ公園の献花台で会った。佐藤さんは奥さんに抱えられて、人前をはばからず声を出して泣いていた。

私が、「ご家族か、仲間を亡くされたのですか」と声をかけると、そうではなかった。

噴火に遭った。

佐藤さんは単独だった。「まごころの塔」と剣ヶ峰山荘のちょうど真ん中あたりで噴火に遭った。そして左腕を負傷した女性の止血をしていた。

佐藤さん自身が、足の甲の骨が三本折れるケガを負っていた。それとザックで後頭部を守っていたため、無防備だったその背中は、熱風であろうか、火山灰であろうか、広範囲に火傷を負っていた。佐藤さんは、自力で歩けない女性を王滝頂上山荘まで連れて行くことはできなかった。女性を置き去りにしてきたその状況が脳裏に焼き付き離れない。そして噴火直後、周りで聞こえていた登山者の声がしなくなっていったと言うのだ。その意味するところは、周りの登山者が次々と命を落としていったということだ。その悲惨な光景を思い出し、苦しんでいる様子だった。泣きながらその状況を私に話してくれた。

私は噴火の恐怖は分かるが、噴石で命を落とされた登山者を誰一人見ていなかった。だから佐藤さんの苦しさは想像でしか分からない。その苦しさは想像以上だと思う。

噴火から一年後の九月二十七日、ネットニュースにその女性の記事が出た。私は、すぐに佐藤さんにメールをした。

「腕をケガされた女性は、生きていてくれました」

佐藤さんからは、「重症の方を見殺しにしたという罪の意識を背負ってこの一年間生きてきたので、震えるような感動を覚えた」と返信があった。

生きていた女性はもちろん、佐藤さん自身が自責の念から解放されて本当に良かった。

女性は、八丁ダルミの「御嶽教御神火祭斎場」の台座によりかかり長い夜を寒さと恐怖、痛みに耐えていたのだろう。その壮絶な夜は想像もつかない。きっとすべてを受け入れながらも、生きることを絶対に諦めなかったのだと思う。生きることに繋がる努力を極限状態ギリギリの体力でやってのけ、朝を待ち、命を繋いだ。「こんな所で死んでたまるか」そう思っていたのではないだろうか。恐らく目の前の現実を受け入れ腹をくくっていたのではないだろうか。やっぱり「腹をくくった女の最強説」はあると思う。本当に生きていてくれて嬉しかった。「ありがとう」。

女性は取材で「装備の大切さ」を語っていた。説得力のある言葉だった。その記事には「御嶽山は初心者でも気軽に登ることができるだけに、十分な準備をしている方は少なかった。生き残れたのは運もあるが、最低限の準備をしていたからだ。生死を分けたのはその差ではないか。そして、もし山へ行かれる方は、リスクを考え準備をしてほしい」と語っていた。女性は持っていたツエルトとダウンジャケットで寒さを凌ぎ命を繋いだ。女性の周りには生存者はいたが、夜を越せずに命を落とされた登山者もいたという。

九月末、夜は標高三〇〇〇メートルの山の上なら氷点下にもなる。今は軽くていい登山装備がたくさんある。ツエルトと薄くてもダウンジャケットは、ザックにあると安心できる。

その装備が出番のときは、きっと非常事態の可能性が高い。そんなときはとりあえず、慌てず落ち着くのが一番大事である。冷静さを失いムダに行動して体力を持続できなければ助かる者も助からない。冷静さを保ち、また心をひとまず落ち着かせるためには、少しのアルコールもあると心強いと私個人は思っている。

逃れられない記憶

私は、「自責の念」は感じていないと自分では思っている。しかし他の人に言わせれば、御嶽山噴火に執着するのは、自責の念があり過ぎるからだとも言われる。そう言われればそうかも知れない。そうだとしたら、「前向きに病んでいる」のだと思う。

私は噴火を伝える講演をしているので、講演前には思いを込めるため、あの日の恐怖と感覚を意図して思い出している。命を落とされた登山者の悔しさを、無念さを想像する。私は、噴火を忘れることを当分許されない状況に自分を置いている。到底忘れることのない記憶なら、真正面から向き合い、先に繋げていくことができればいいと考えている。これを「前向きに病んでいる」と私は表現する。

そうした「前向きに病んでいる」生存者もちらほらいて、私の心の支えになっている。

二〇一五年九月二十六日、一周忌前日。噴火当時にいた場所はばらばらだが、講演に使う写真を提供していただき交流を続けてきた生存者四人と一緒だった。

「一周忌はどうしていますか」。そんな話になり、私は予定していたガイドがなくなったので二十七日は御嶽山が望める静かな所で、十一時五十二分を待ちたかった。一周忌の式典に参列する気はなかった。

不謹慎と言われればそうなのかもしれないが、九月二十七日は、命を落とされた登山者にとっては一周忌ではあるが、私たちには「生存記念日」でもある。

御嶽山の方向に献杯をしてから杯をほした。この一年間どうだったのか。いた場所がそれぞれ異なっていたので噴火の状況などを聞いた。いた場所によってずいぶん状況も違うので、一年経ったのに新しい情報をいろいろ教えられた。

生存者に共通していたのは、あの日の記憶から逃れられないでいることだった。まだ一年しかたっていないので無理もない。

翌日、私は御嶽山を望める地蔵峠に移動した。石室山荘まで追悼登山に行った人もいた。天気は山頂部には雲がついてしまい望むことはできなかったが、十一時五十二分のサイレンとともに黙祷を捧げた。

当時、「生き抜いた」と確信した十三時十分まで御嶽山を見ていた。

一年前、この時間は自分のことで精一杯だった。生きていることを素直に喜んだ。その気持ちに変わりないが、一年経った今、多くの登山者があの場所で命を落とされたことを知っている。無事帰ってくることを祈り、待ち続けた家族がいたことを知っている。

そして私自身にもいろいろあった。あの恐怖の一時間よりむしろ、その後の今の方が、考えることが多い。そんなさまざまな感情がこみ上げ、泣きそうになった。

世間では一周忌の区切りかも知れないが、そうしたこととは関係なく、できることを続けていくことが何よりの供養になると私は思っている。噴火直後から、自分なりにできることをやってきたつもりである。その姿勢はこの先もずっと変わらない。

九月二十七日が近づくと、思い出したように特別何かをするようなことは私にはない。

これからも御嶽山が見える山では黙祷を捧げたい。ガイドでは噴火から学んだ教訓を伝えたいとも考えている。教訓は活火山だけに特化したものではなく、登山者が持つべき意識はどの山でも同じである。

九月二十七日は、これからもずっと生存記念日としてこの日を受け止めたい。純粋に生きていることを喜びたい。そして同時に噴火を忘れないこと、伝えることで、命を落とされた登山者のご冥福を心から祈りたい。

あの日を生き抜いた生存者

あの日、山頂周辺だけでも二五〇人ほどの登山者がいた。九合目や八合目を合わせればどれだけの登山者がいたのだろう。そして生存者は全国に散らばっている。

百名山でもある御嶽山は人気があり、全国から登りにきていた。標高三〇〇〇メートルでありながら登山道は整備され、思いつく危険は滑落、捻挫など、登山者自身が気をつければ防げるものだ。

活火山に登っていながら、私自身思いつく危険に「噴火」は入っていなかった。完全に足元をすくわれた思いだ。

楽しいはずの登山が、十一時五十二分ころ、一瞬にして一転、登山者は地獄に放り込まれた。

あの日を生き抜いた生存者は、どうしているのだろうか。ふと、そんなことを考えてしまう。

誰にも噴火の体験を話さず、苦しい毎日を送ってはいないか。

話したところで、責められてはいないか。

「御嶽山に登ろう」と計画したことで、自分を責めてはいないか。

助けることができなかったと、自分を責めてはいないか。

自分だけ助かったことを責めてはいないか。

得体のしれない自責の念に押しつぶされてはいないか。

もう二度と山には登りたくない。そう思ってはいないか。

忘れられない記憶と向き合い、前向きに生きようとしているか。

全国に散らばった生存者にはたどり着けない。孤立しているかもしれない。また孤立を選んだのかも知れない。逃げることのできない現実だが、誰にも言えなくても話すと楽になれることもある。

あの場所にいた人にしか分からないことだらけだ。

あの日を境に山を登るのを止めてしまったとしたら悲しい。噴火前の楽しい山の記憶をなくすくらい爆発は強烈に恐怖のみを登山者に残したが、山はそんな怖いことばかりではない。いつかまた山に登れる日が来たらいいなと思っている。

生存者が繋がることができ、気持ちが楽になればいいなと漠然と思っている。


多くの生存者は「いた場所、誰といたか」で、抱える自責の念の深さも人それぞれだと思う。大切な人を目の前で失った登山者にかける言葉は見つからない。思いつくのは、残念ながら薄っぺらい言葉だけだ。それでも私は言いたい。

自分を責めることはしないでほしい。あの状況のなか、自分の命を守れたことだけでも自信を持って生きてほしいと心からそう願っている。

世間にはいろいろ言う人もいる。何か言うことで心のバランスを取っているのかも知れない。

自然の脅威のなかで人間ができることなど知れている。精一杯ジタバタしたところで知れている。

あの状況のなか、自分の命を守ること以外何かできたと思うなら、それは人間の思い上がりではないか。私はそう思えてならない。

その人にしか分からない深い心の傷は、時間が解決してくれればと願っている。

そしてケガをした身体の痛みも時間とともに和らいでいってくれればと願っている。

噴火から二年。慌てなくていい。マイペースでいい。ゆっくり自分らしくでいい。

生かされた命。これからどう生きるかではないか。何かできるとすればそれしかない。私はそう思って、あの日から生きている。

命を落とされた登山者とご遺族

命を落とされた登山者を「犠牲者」と私は呼んだことはない。第二章「噴火の実態」では犠牲者と書いたが……。

なぜかそう呼びたくない。世間では犠牲者と呼ばれていても、私のなかでは「命を落とされた登山者」である。

それは六十三名の登山者に、尊い命と引き換えに多くの学ぶべきものを残していただいたと考えるからだと思う。

敬意をもって「命を落とされた登山者」と書かせてもらいたい。

*

六十三名の命を落とされた登山者を私はもともと誰も知らない。しかし、当日着ていた服装が報道などで分かる人は、噴火前の写真を見ると覚えている方がかなりいた。

小学生と高校生の女の子とは、「まごころの塔」ですれ違っていた。子どもだけで歩いていたのでよく覚えている。剣ヶ峰に着くと、二人の女の子は鳥居の近くに座り、お昼ごはんを食べていた。

女の子たちの前の岩場には、カップラーメンをおいしそうに食べる親子がいた。それを見て私も急にお腹が減ってきたのを覚えている。

ダウンジャケットを着たカップルも覚えている。鮮やかな色だったのと「ダウン着るほど寒いかな」と思ったからである。「きっと山頂でゆっくりしていたので冷えたのかな」そんなことを思って見ていた。

私は人間観察が、とても好きだからよく覚えていたのだと思う。

十一時三十分、私は剣ヶ峰に着いた。頂上は、登頂を喜ぶ登山者の嬉しそうな姿や楽しそうな会話や笑い声であふれていた。あまりにも賑やかだったので、単独の私は早々に山頂を後にした。山頂にいたのは十二分だけだった。

噴火するまで、皆楽しいときを過ごしていたと思う。少なくとも剣ヶ峰にいた登山者は、単独の私から見れば羨ましいほど皆楽しそうだった。

あの日何事もなく一日が終わってさえいれば、きっと「次はどこの山に行きたい。どこの山にいく?」そんな会話をしながら山を下りたのではないだろうか。あの日、噴火さえしなければ多くの登山者がもっと山を好きになったのではないだろうか。そう思わせるほど、本当に気持ちのいい登山日和であった。

御嶽山が最後の山になり人生が噴火によって絶たれた人たち、どうすることもできないが、ただただ悲しく思う。ご冥福を心からお祈りするばかりである。

忘れられない女性

命を落とされた多くの登山者を覚えているが、私には忘れられない女性がいる。それは噴火が一時収まったときに、お鉢の稜線で会った脛をケガされた女性、多田香里さんである。香里さんを強く抱き締めた感触は、今も残っている。

香里さんは、噴火前、私の前を男性と二人で歩いていた。噴火が一時収まったとき、私は大きな岩陰で、私を含め五人の登山者に会っている。一緒に岩陰にいた男性はてっきり香里さんと一緒に前を歩いていた男性だと思い込んでいた。

後から知ったが、違うパーティの男性だった。

香里さんと一緒に歩いていた男性は、このときいなかった。私は会ってはいない。その男性はご主人の広人さんだった。

私は香里さんが救助されているのかとても気になっていたが、「個人情報保護法」の壁のため、結局、救助されたのか知ることができなかった。助かっていてほしいと願っていた。新聞の情報で、お鉢で一人、命を落とされた登山者がいたのを知ったとき、「もしかしたら」と思った。

事実を知ったのは、捜査協力で行った警察署だった。詳しいことは聞いていないが、いた場所と、香里さんの特徴が一致したとき、私は、悲しみをこらえることができず涙が溢れた。恐れていた悲しみが現実になってしまった。噴火が終わったと思っていなかった状況のなかで、何もできなかった自分を正当化するつもりはない。また責める人がいたとしても、そのことに意見するつもりもない。あの場所で香里さんが命を落とされたことを、ただただ悲しく思えてならない。

あの大きな岩にもたれ、何を思い最期を受け入れたのだろう。家に帰りたくて、帰りたくて何とかしようともがいたのではないか。

足をケガして動けずに、痛くて、悔しくて、寂しくて、怖くて泣いていたのではないだろうか。一緒にいたご主人の広人さんが隣にいなくなり、どれほど心細く、無念で最期を迎えなければいけなかったのだろう。

考えると苦しくなる。年齢も私と同じくらいだった。

あの日、あの場所で香里さんに会っていなければ、ここまで噴火の実態を伝えようとは思わなかっただろう。私は、生きたくても生きて帰って来られなかった香里さんの生きざまを、伝えずにはいられなかった。運だけで終わりにすることができなかった。それが、私が香里さんにあの場所で会い、生かされた意味ではないだろうか。あの場所で香里さんに会ったことが、「御嶽山噴火を伝えたい」という私の原動力になっているのは間違いない。

私ができるのは、せめて広人さんと同じお墓に入ってほしいと思うことだけだった。

私は広人さんの再捜索で、ご家族の方と連絡を取っていた。そして発見され身元が確認された八月一日の夜、木曽上松町に集まったご家族に会いに行った。

遠くから広人さんのご両親、ご兄弟全員が広人さんを迎えに来られた。

私が集めた噴火前の写真で、もしやと思い拡大していた写真はお二人だった。ぼんやりにしか拡大できていなかったが、それを見た瞬間、ご家族は「広人と香里ちゃんだ」と言い、生前のお二人を見て涙ぐまれた。二人はとても仲良さそうに、一緒に歩いていた。

そこで噴火の話をした。「噴火という始まりがあって、死という終わりがあって。その途中を知りたかった」とご家族は言った。

残念ながらお二人は噴石から逃げ切ることはできなかったが、精一杯の行動をしていた。香里さんは大きな岩陰に逃げた。足を負傷したが、生きようとしていた。私はその生きざまを見ている。広人さんは、噴石から頭を守るため、ザックを頭に乗せ、あのとき、あの場所でできた、精一杯の行動をしている。

絶対に助かる術のないなか、お二人の行動は正しかったと私は伝えた。

噴火前の紅葉の写真も見ていただいた。「きっと二人は噴火するまで楽しかったんだね」と、言い聞かせるように話すご両親の言葉が、悲しく私の心に突きささった。お父さんは小さく写るお二人の写真をじっと見つめていた。

噴火後、ご家族はどれほどつらい日々を過ごしてきたのだろうか。この先どれほどの悲しみを受け止め生きていくのだろうか。

どうすることもできないつらい現実である。私にできることは、二人のご冥福をお祈りすることだけである。

*

私は、夫の野口泉水さんを亡くされた弘美さんに、ガイド中の北アルプス涸沢から横尾に下る登山道で偶然お会いした。弘美さんは、泉水さんが生前、「涸沢の紅葉が見たい」と言っていたので、見に行く途中だったようだ。

本人にお会いするのは初めてだったが、テレビの画面や新聞の紙面を通して見ていたので不思議と初めてお会いした感じはしなかった。弘美さんも同じように感じ「泉水さんが会わせてくれた」と思っていると言ってくれた。

その後、松本で弘美さんとお会いした。私がもらった、噴火当日の八丁ダルミの写真に泉水さんの後ろ姿が写っていた。私は泉水さんを覚えていた。松本にあるサッカーチーム松本山雅の帽子を被っていたので、「長野県民かな」と思い見ていたからだ。頂上にいたのも覚えている。

弘美さんに、泉水さんが写った写真を手渡した。

最初会うのが怖かった。同じ御嶽山噴火の当事者だが、私は生存者で弘美さんはご遺族で近いようで接点はない。弘美さんが会って最初に言ったのは、「生きていてくれてありがとう」だった。私は、素直に嬉しかった。

噴火の話以外もさせていただいた。噴火当日の夜、泉水さんは家に帰ってきたという。ガレージの電気が突然ついたのだ。多くの方が不思議な話をするが、魂は大切な人の元に帰ってくると私は信じている。

泉水さんが剣ヶ峰から噴煙を撮った写真は、弘美さんにより報道にいち早く提供された。「写真には伝える力がある。噴火の安全対策が進み、子どもたちが将来安心して登山できるように」と、今後の火山防災に役立てばという願いが込められていた。

ロープウェイの鹿ノ瀬駅に、その写真を寄贈されている。噴火の怖さを訪れる多くの登山者に知ってほしい。悲しいだけでは終わりにしたくない。悲しく悔しく苦しい

噴火から1年後、9月下旬に
北アルプス涸沢で偶然会った
野口弘美さん（右）と筆者

なかで、前を向く弘美さんの決意が伝わってくる。

弘美さんは時折ニコッと笑う。とても笑顔が似合う方だと思う。でもとても寂しそうな顔をされる。噴火が奪っていったものは大きすぎると痛感してしまう。

「息子の死をムダにしたくない」

新聞の記事を通して連絡を取るようになったご遺族がいる。剣ヶ峰で一人息子の洋太さんを亡くされた中川さん夫妻である。

中川さんは、噴火直後、剣ヶ峰がどういった状況だったのか、なぜ洋太さんが命を落とさなければいけなかったのか、生死を分けたものがなんだったのか知りたくて、情報を独自で集めていた。そんなとき、新聞で手記を書いたガイドがいることを知り連絡をいただいた。私は洋太さんには会っていなかった。洋太さんが剣ヶ峰に着いたのは十一時四十六分。噴火の六分前だった。一緒に登った仲間との記念写真を撮ってすぐ後に噴火した。

私は、剣ヶ峰にはいなかったが、わずかだが逃げる時間はあったと思っていた。なぜなら、一〇〇人ほどいた剣ヶ峰で命を落とされたのは三十二名。その他の登山者はケガをした人もいたが、生存していたからである。

「運が悪かった」そのひと言だけを伝えようかと迷ったが、「運が悪い」という言葉の先にある、何が起きていたのか真実を知ろうとしている中川さんに、私は生存者が口にしてこなかった剣ヶ峰の現実を伝えた。「逃げる時間はわずかだが、あったはずです」と。「運が悪い」という言葉は、その人の意志や努力ではどうすることもできなかったことを意味するが、逃げる時間があったとなれば、洋太さんにも生きる可能性があったことになる。洋太さんは可能性をたぐりよせ、生きて帰って来なければいけなかった。突然のご子息の死を、ご両親は納得できるわけがない。楽しみに行った登山で、突然噴火に巻き込まれ命を落とすなど受け止めきれるわけがない。

私は、本当のことを言ってよかったのだろうか。やはり「運が悪かった」と言うことが思いやりだったのか、後からかなり落ち込んだ。中川さんからの返信には、「手記を読み、話を聞いて、生死を分けたものが何だったのかやっと納得できるのです。これではしかたないね」と、書かれていた。そして「何が起きたのか触れられたくないという遺族もおられるでしょうが、私たちのように真実を知りたい家族も存在しているのです。ありがとうございました」と添えられていた。

中川さんはテレビ局の協力を得て、あの日登っていた登山者から、写真を提供されていた。洋太さんの目撃証言も加わり、また剣ヶ峰の状況も分かってきたという。

剣ヶ峰では少なく見ても六十秒、逃げる時間があったと、多くの写真から検証して知り得たことだった。しかし洋太さんは、ケガをした登山者を祈祷所の軒先方向に引きずっているとき、背後から噴石を受け、倒れ、灰に埋まってしまったという。自分の命を最優先しなかったのだ。

中川さんは「洋太らしい。私たちには優しくないのに」と、ちょっと意地悪そうに言う。洋太さんの話をするとき、お二人は楽しかったことを思い出すかのように微笑みながら話をされる。しかし二人でも抱えきれないほどの悲しみと喪失感が痛いほど伝わってくる。どれほど涙を流されたのだろう。そしてこの先どれほど涙を流すのだろう。

お二人と話すと、最後は私が励まされる。お二人の息子の洋太さんもきっとこんな感じのやさしい青年だったのかと想像できる。御嶽山を見ると、写真で見た穏やかな笑顔の洋太さんを私は思い浮かべてしまう。

中川さん宅には、今も多くの友達が洋太さんに会いに来てくれるという。洋太さんの死は、悲しみをもって命の大切さや代わりがいない存在だということを多くの人に教えたに違いない。しかし生きていれば、もっと多くのことを伝えられた人だったに違いない。私はそう思えてならない。

洋太さんも、中川さん夫妻の近くにいるかのように、不思議なことがよく起こるという。話のなかでしか、私は洋太さんを知ることができないが、会ってみたかった。二十五歳、洋太さんの死はあまりにも早すぎる。生き残る可能性があったと思うと悲しく悔しい。

御嶽山が登れるようになったとき、私は、あの日洋太さんが辿った道を、笑顔で写るあの場所に、中川さんをお連れしたいと思っている。

洋太さんは仲間と御嶽山に登っていた。昔の登り方と今はだいぶ違う。仲間であっても、それはパーティではない。それぞれのペースで登る。活火山だと誰も知らなかった。

とりもどすことのできない日常のなかで、癒えぬ悲しみと悔しさを抱えながらも、「息子の死をムダにしたくない」と、中川さん夫妻は願っている。中川さんには伝えたい教訓がある。それを手紙に書いてくれた。

御嶽山噴火から二年が経とうとしています。

大切な息子洋太の突然の死に、私自身、希望と未来を失い、今でも悲しみと無念さに暮れております。

九月二十七日。一人息子洋太は会社のメンバーと御嶽山に登っていました。息子は独立しており実家を離れていたため、後になって分かったのですが、二年ほど前からハイキングに行くかのようにちょくちょく日帰りで登山をしていたようでした。今回も夜中に仲間と集まり、日帰り予定の言わば強行スケジュールでした。

噴火当日、会社から連絡が入りあわてて現地に向かい、情報が混乱するなか不安と憤りを感じながら三日間を過ごしました。

身元確認のため警察から息子の当日の服装や持ち物を聞かれても、息子が登山をしていたことすら知らなかった私どもにとって何も分からずじまいの状況でした。その後メンバーの登頂集合写真を手に入れ、当日の服装が分かりました。

山から遺体が次々に下ろされ、名前の分からない遺体は一人ずつ性別、身長、服装が発表され、該当する家族は挙手し、遺体の詳しい説明を聞いてから遺体安置所に案内されました。

私たちは息子のあまりにも突然の死に、彼の最期が知りたいと思い、多くの報道関係者や公的機関、知人の力をお借りし、彼の最期を知ることができました。

報道の力を借り知り得たのは、当日御嶽山を登っていた登山者から一三八〇枚の写真が提供され、息子が田の原登山口を出発し、山頂の剣ヶ峰に到るまでの道のりを刻々と辿ったものです。

噴火直後、剣ヶ峰はまだ噴煙に覆われてはおらず、山小屋に逃げ込む時間は十分ありました。しかし、息子は生存者の証言でケガをした登山者を噴火口に背を向けるような恰好で祈祷所の軒先に引きずり救助をしていたようです。

そして噴石により後頭部と脇腹に大きな打撃を受け、剣ヶ峰中央の広場で命を落としました。遺体を引き取るとき、警察から、胸には女性用のチェックの帽子を抱え誰かを庇うような体勢で倒れていたと説明されました。死因は後頭部陥没と内臓破裂でした。

息子は火山噴火という実感もなく、未熟な登山者のため山の恐ろしさも感じず、身を守る術も知らなかったのでしょう。息子が瞬時に危険を感じてすぐに小屋に逃げていてくれればと思うばかりです。


「これから登山される方や経験の浅い方々にお伝えしたいこと」があります。
・登山する山が火山か否か確認する。
・飲み屋に行くような軽い気持ちで登山に出かけない。そして誘わない。
・自然の山を甘く見て、日帰りの弾丸ツアーは絶対にしてはいけない。

・パーティとは常に全員が一つになって行動すべきであり、特にリーダー格の人物は山に精通した人がなる必要がある。そして経験の浅い人たちを指導し指示すべきである。
・個人も、もしものときに備え、まずは自分の身を守ることを重視し、身を守る術を必ず学んでおくべきである。
・家族に登山することを知らせて出かけること。
・入山届は必ず出す。

私は大切な息子洋太の死をムダにしたくありません。この点を皆様にお願い致したいです。

中川明恵

＊

「あの日から時間が止まったまま」「悲しい、会いたい」その悲しさ苦しさは分かります。そう私は言えない。やはり本当の悲しみは分からない。当事者にしか分からないと思う。

悲しみに寄り添い過ぎず、ある程度の距離感が必要だと思っている。寄り添い過ぎれば、私は御嶽山噴火の教訓を、伝えることができなくなる。それは、噴火はあのとき、どうすることもできなかった悲しすぎる現実だからである。そのなかで教訓を伝えることは難しい。悲しい現実のなかで、私は生死を分けたものは運だけではないと言っている。噴煙を見てからどれだけ早く危険だと判断、行動できたかだと言っている。この言葉は、ご遺族の心中を考えると、こう聞こえてしまうのではないだろうか。

「命を落とした自分の家族には危機に対する意識が足りなかった」

そう言われていると思うのではないだろうか。

突然、家族を失ったご遺族、命を落とされた登山者を、これ以上苦しめる気があるわけない。しかし、そう聞こえてしまうのも分かる。

深い悲しみに寄り添い過ぎれば、登山者の死から何も学び取ることはできない。そして寄り添うだけでは何も変わらないだろう。

私が言えるのは、「生きて帰って来られたのは運がよかっただけです」。そう言うことだけではないだろうか。それは誰からも恨まれない言葉だと思う。良く言えば謙虚、悪く言えば放棄。私も恨まれるのは怖い。

「運がよかっただけです。それ以外生死を分けたものなど何もありません」

そう言って終わりにしようかと何度も考えた。

今以上、ご遺族や、命を落とされた登山者に悲しい思いをさせることはしたくない。

傷つけることはしたくない。それは重々承知している。承知はしているが、私があの日、噴火で命を絶たれていたら、結果論でいい、あのなかでどうやったら生き残れたのか教えてほしいと思っただろう。何ができ、何をするべきだったのか教えてほしいと思っただろう。そして、それを生き残った人が、多くの登山者に伝えてほしいと思ったはずである。

教訓を伝えようとすればするほど、命を落とされた登山者に、危機に対する意識が足りなかったかのように聞こえてしまうことを申し訳なく思う。

そうは思っていない。どう頑張っても絶対助かる術は、あのとき誰にも分からなかったのだから。すべては結果論でしかない。限られた時間、場所で教訓を学び取るのは酷なことも承知している。生死は紙一重だったことは私自身が一番分かっている。結果論からでしか、この先に繋がる教訓は打ち出せない。

こんな形でしか、私は命を落とされた登山者に向き合うことができず、寄り添うことができず、申し訳なく思っている。想いが強すぎ言葉が足らず、命を落とされた登山者を責めているように捉えられてしまうのなら、大切な家族や仲間を亡くした方たちに申し訳なく思っている。

伝えることは、山に携わる仕事をさせていただき、あの場所にいた私がするべきことだと思っている。誰一人としてみすみす死を受け入れてはいない。生きて帰ることを最後まで諦めなかったはずである。その生きざまを「運が悪い」で終わりにすることは私にはどうしてもできない。そして御嶽山噴火が教訓を残せなかった、ただ悲しい過去になるのはとてもつらい。

命を落とされた六十三名はそれぞれに人生があり、この先にも繋がっていた。私がしていることがはたして命を落とされた登山者が望むことなのか分からない。六十三名の気持ちは分からない。自分だったらこうしてほしい。そう思うことをしている。その思いに迷いはない。

ご遺族、生存者、行政関係者の誰もが、噴火で命を落とす登山者を出さないために「何ができるだろう」と考えている。アプローチの仕方やスピードは違っても、目的は同じだと思う。今は登山者の立場で何ができたのか。そのことしか、私にはできないが、この先もっと広い視野で御嶽山噴火を見ることができれば、命を落とされた登山者の気持ちやご遺族の気持ちも、少しは分かるかもしれない。

今は時間がない。御嶽山噴火の風化はすでに始まっている。

私は、噴火の記憶は恐怖だけではなく六十三名の無念さと一緒に記憶している。怖かった。痛かった。苦しかった。家に帰りたかった。そして何より「生きたかった」

という感情と一緒に記憶している。六十三名が生きて帰ることは叶わなかったが、あの日、何かの縁で同じ頂を目指した山仲間だったと思っている。忘れることのない大切な山仲間だと思っている。

第四章

噴火の教訓

生還できた理由

私は、なぜ生きて帰って来ることができたのか。

それは「運がよかったからです」と言えば簡単だが、もしそうであれば残念ながら噴火から学ぶべきものは何もない。だから、運だけではないと思う。運はもちろんあったが、私は運だけで生きて帰って来られたとは思っていない。また私のいた場所は、運だけで帰って来られる場所ではない。

しかし、「運がよかったね」と、会う人、会う人からさんざん言われた。そう言われることに違和感があった。忘れてはいないだろうか。噴火に遭うなんて、それだけで相当運が悪いことを。

おもしろいことに、私をよく知る山仲間は「運がよかったな」とは言わなかった。「なんか生きて帰ってきそうだわ」そう言ってくれた。それは私には最高の褒め言葉だった。私は、翌日もガイドに行っていたので、核心部で噴火に遭ったのではなく八合目くらいで灰を被っただけだと多くの仲間は思っていた。

テレビでは、「奇跡」とも言われた。運はもちろんあったが、奇跡ではない。

今回の噴火口は、一九七九年の地獄谷の噴火口の南側、一ノ池西側と、地獄谷西側斜面に新たに火口が形成されたようだ。その噴火口は地形図で計ると、私のいた場所から三五〇メートルほどだった。私は地獄谷西側斜面のちょうど延長線上にいた。軽トラックほどの噴石と爆発音を思い出せば、その距離も納得できる。

後に学者の発表で、噴火口は地獄谷を西に移動してきたのではないか、という記事を読んだ。確かに、私の聞いた爆発音は徐々に大きくなっていった。私のいた逃げる小屋もないお鉢は、最初の噴火から勢力を増しながら長時間噴石を浴び続けた過酷な場所だったのではないだろうか。噴火後調査に入った及川先生から「あんな所からよく帰って来られましたね」と言われた。

噴火から生きて帰って来られたのには、もちろん運もある。しかし、今までに培ってきた判断力、行動力、技術を最大限、臨機応変に生かすことができたからこそ、生きて帰って来られたと思っている。

噴火するまで活火山であることは知ってはいたが、噴火するとはまったく思っていなかった。本当に甘かったと思っている。

背後で「ドドーン」という、たいして大きくない音を聞き、振り返って初めて噴火したことを知った。

もし雨が降っていて、雨具に当たる雨音で噴火の爆発音が聞こえなかったら、ガスっていて視界がなく噴煙を目視できていなかったら、背後で起きた噴火から、私の命を守る行動は確実に遅れていただろう。噴火に気づかず噴火口に背を向けて歩いていて、二十秒後の火山ガスを吸うまで、御嶽山の異変には気づかなかったはずだ。

あの日、視界のきくなかで噴火が起こったのは不幸中の幸いだった。

噴煙を見て、私は噴煙を見上げることも、写真を撮ることもしていない。カメラは持っていなかった。持っていてもやはり写真は撮らない。噴煙を見た瞬間、危険が迫っていると感じた。

一瞬、噴火の対処法を考えたが、もともと知らないのと自分自身が今までに考えたこともなかった。「噴火に遭ったらどうするのか?」分からない対処法を考えることに縛られていたら、行動は遅れたはずだ。

そこで生還できた理由をいくつかあげてみよう。

・噴煙を見た瞬間から、危険だと判断でき、命を守る行動をした。

私は噴火の対処法は知らなかったが、この状況のなかで身を守る方法を、バラバラに考えることができた。岩が空に舞い上がっているのを確認していたので、「落石」から身を守るのと同じ、岩に張り付き小さくなって頭を抱えた。噴煙を見てから数秒以内に危険と判断し、その場でできる命を守る行動に移った。多くの登山者も噴火からの対処法は知らなかったと思う。どうしていいか分からず噴煙を見上げたまま、とっさには行動できなかったのではないだろうか。

・最初の噴石を無傷で凌げ、頭を守れる岩陰に移動できた。

ケガをしていたら、隠れ直すことはできなかった。登山道の自分よりひとまわり大きいだけの岩陰でその後五十分、噴石を凌ぐのはどう考えても現実的ではない。命は助かってもケガは免れないのではないか。

・浮石だらけの急斜面も走って下れた。

身についた登山技術も役立った。地形を見て、登山道を上がるより、登山道からは外れるが下る方が早いと思ったのと、大きな岩の塊が目に入った。急斜面を走って下りることは技術的に問題なかった。灰が五〇センチ以上積もった斜面を、スピードをもって登り、下ることができた。新雪とまったく同じ感覚だった。白か黒かの違いだけであった。一ノ池を突っ切り二ノ池のガレを下り覚明堂に行くまで約一キロ、途中雨具の上を着たり、救助要請をしようとしたロスタイムはあったが、十五分くらいで走り抜けている。

・地形と山小屋がどこにあるのか、頭に入っていた。

噴火前一ノ池がカラカラに乾いているのを見ていたのは重要だった。見ていなかったら避難ルートには使っていない。水浸しの一ノ池に突っ込めば火山灰がセメントのようになり底なし沼のようだったに違いない。それは噴火後、捜索隊がそんな状況になっていて知った。あのときは火山灰がそうなるとまでは想像できなかったが。その場所の状態を見ていたのは、常に状況を観察する癖が役立ったと思う。

・技術ではないが、装備も安心材料となった。

長期戦を覚悟できたのは、数日分の食料と水、温かい紅茶、ツエルト、アンダーダウン、ヘッドランプ、ファーストエイドセットなどを持っていたからだ。

噴火後すぐに下山することができたが、九月終わりの標高三〇〇〇メートルでは夜氷点下になる。せっかく噴石は凌いでも、ケガをして動けなくて小屋に行くことができなければ、着の身着のままでは低体温症になる可能性もある。日帰りであっても、このくらいの装備は持つべきである。

・そして噴煙を見た瞬間から、生きて帰ることを強烈に意識し続けた。

「ダメかな」と思った瞬間もあったが、やはり生きることへの執着が勝っていたと思う。あとは考えすぎない適当な性格がよかったのかとも思う。運をつかむタイミングを見極めるシビアさと、腹をくくった後の「自然は凄いなー」と感心しているようなポンコツ具合がちょうどよかったのかも知れない。カッコよく言えば、臨機応変で柔軟な対応ということになるのだろうか。

単独だったので、自分の命を守ることに終始徹することができたのがよかったのも確かだ。途中、登山者四人に会ったが、自分の命を守ることを最優先にした。「自分の命が守れなければ、人の命は守れない」それは私が山で身につけた信念である。自分の行動、判断に迷いはなかった。

山の先輩に言われていた「そのときの判断に自信を持て」という、あのときの判断は、私ができたあの場所での最善の判断だと信じている。もしそうでなければ、私に迷いが少しでもあれば、あの状況を知らない世間の声に潰されている。ガイド、救助隊員なのに自分だけ助かって、という世間の声に。

そして私に最大の運があるとすれば、ガイド中ではなかったことに尽きる。

生きて帰って来られたのは、簡単に言うと噴煙を見て、即座に危険と判断でき、岩陰に隠れ一瞬のチャンスで頭が守れる所に移動でき、運よく噴石の直撃を逃れ、噴石が止んだすきに噴火前に確認できていた最短ルートをスピードをもって走り抜けることができたからではないか。

噴火のリスクは考えていなかったが、噴煙を見た瞬間に生きるための思考回路に切り替わり、体が勝手に動いた。瞬時に切り替えることができたのは、私に多少なりとも「危機意識」があったからだと思う。一〇〇パーセントの安全などない自然に踏み込んでいることを自覚していたからだと思う。

頭のなかで何をするべきか、その瞬間、瞬間に筋書きだって見えた。それには私自身が一番驚いた。これは本能もあったのではないかと思う。「山に試されている」と感じていた。それを一つ一つ丁寧に、時には大胆に瞬時に決断し、クリアしていった。その結果が生きて帰って来られたことだった。

山で関わったすべての人との会話や山行が知識、経験となり、判断、決断、行動に繋がったと思う。私が会ったすべての山仲間に心から感謝している。

突然の噴火から生死を分けたのは、「どこにいたのか」「噴煙を見てからどれだけ早く危険と判断でき、命を守る行動に移れたのか」そして最後に「運」だと思う。この三つが揃わなければ、生きて帰ってくるのは難しかったのではないか。

他の生還者の話を聞くと、共通しているのはやはり噴煙を見てから写真を撮っていたとしても、その後すぐに危険だと感じ、命を守る行動に移っている点だ。噴火に遭えば、絶対に助かる術などない。しかし生き残る可能性はあった。とにかく噴煙を見てからどれだけ早く命を守る行動に移れたかだと思う。

すべては結果論で、もう一度同じ状況、場所から生きて帰って来いと言われても、私は帰って来られるかは分からない。

噴石の飛んでくる方向、はね方、これぱっかりはやっぱり運である。ただ私が思うのは、運ももちろんあったが運は転がってはいなかった。無条件でゴロゴロ転がってはいなかった。頂上周辺で何もせずに、「運」だけで帰って来られた登山者はいないだろう。それぞれが限られた時間と場所で最善の判断、行動をしたと思う。行動なくして運などなかったと私は思う。

もちろん、誰もが運をつかみに行ったはずである。それは、生存者だけではなく命を落とされた登山者も同じではないか。残念ながら結果として運をつかむことはできなかったが。

「危機意識、判断力、行動力」を持っていたとしても、山の脅威はそれ以上だったとも思う。

うまく説明できないが、「運」はもちろん認めるが、「運のいい人が生かされ」「運の悪い人が命を落とされた」という点がすべてではないと思う。そこに行きつくまでには、それぞれ生きることを最後まで諦めなかった判断、決断、行動、つかんだ運を逃がさず持続できたことを含めた生きざまが必ずある。泥臭く諦めなかった生きざまが必ずある。私はそう思う。

なぜ私が生きて帰って来られたのか、ということよりも、なぜ多くの登山者が生きて帰って来られなかったのか。そのことを考える方が重要ではないか。それが御嶽山噴火から学ぶべき教訓ではないだろうか。

結果が分かった今でこそ、何をするべきだったのか分かる。

確かなのは、あの日、御嶽山に登った登山者は最高に運が悪かった。噴火に遭ったのだから……。

正常性バイアスと多数派同調バイアス

生死を分けた分岐点はあったのか。あったのならば何か。

「どこにいたのか」が、非常に大きな分岐点になったと思う。生死を分けたのは、命を落とされた登山者の死因からも分かるように、二名を除き、噴石による損傷死と発表されている。噴石にさえ当たらなければ、あの噴煙のなかでも生き残る可能性が高かったことが分かる。

そして、「噴煙を見てどれだけ早く危険が迫っていると判断でき、どれだけ早く命を守る行動に移れたのか」。

最後に「運」ではないかと私は思う。

私が噴煙を見たのは、振り返った数秒ほどだけだった。写真は撮っていない。噴煙も見上げてはいない。

噴火するとはまったく思っていなかった。しかし、噴煙を見た瞬間、生きるための思考回路に切り替わった。ポケットに手を突っ込み歩いていたが、「スイッチ」が切り替わった。

あの日噴火するとは、登山者は誰も思っていなかっただろう。

急速に発達する噴煙を見るまでは、皆同じ「噴火しない」という意識のなかで、どれだけ早くそれぞれの登山者が危険と判断して「スイッチ」を切り替えられたのかが、生死を分けた大きな要因ではないか。

私が瞬時に噴火だと思ったのは、御嶽山が活火山だということを知っていたことと、九月十日、十一日に火山性の地震が増えていたことを知っていたことも一つの要因であると思う。しかし、活火山とは知らなくても、あの噴煙は尋常ではなかった。危険が迫っていることを認識するには十分すぎる光景だったと思う。

私は何の疑いもなく、登山者は皆、早い時点で「スイッチ」を切り替えたと思っていた。思いたかった。しかし、報道で知る限り、命を落とした登山者の数は日に日に増していった。

八丁ダルミは、「まごころの塔」と御嶽剣ヶ峰山荘の間には、噴火直前の写真で確認すると、五十人ほどの登山者がいた。「まごころの塔」と王滝頂上山荘までも入れれば、さらに多くの登山者がいたことになる。

噴火口から半径五〇〇メートルの核心部で、一番先に視界を失い、噴石が降ってきたのは八丁ダルミだったようだ。

ここにいた登山者は、危険と即座に判断できたとしても近くに身を隠す岩があったのか。そして、あったとしても、その岩に暗闇になる前に、身を隠すことができたのかが生死を分けたと思う。

「まごころの塔」と御嶽剣ヶ峰山荘の間は、場所が悪すぎる。隠れるのに満足な岩がないからだ。この場所にいた登山者は、やはり「運が悪かった」と、どうしてもその言葉が出てしまう。

登山者の証言では、視界を失う闇になるまで十秒あったかどうかだという。十秒で岩陰に避難を完了させるのは難しい。近くに岩がなければどうにもならない。その場に伏せるだけである。そして暗闇になるのと同時に、噴石、火山灰に襲われている。

私のいたお鉢は、登山者は数人しかいなかった。視界を失う黄色味がかったガスに巻かれ行動不能になるまで、二十秒くらい、噴石が飛んでくるまで二分弱あった。それぞれが自身で判断し岩陰に隠れた。お鉢には、小屋はなかった。

そして、噴火の核心部のなかで一番生きる可能性があったのは、頂上直下に二つの小屋のある剣ヶ峰だったはずである。視界を失うのも最後だったという。二ノ池方面の登山道から撮った剣ヶ峰と噴煙が写る連続写真がある。その写真から少なく見積もっても、剣ヶ峰で視界を失うまで六十秒くらいはあったことが分かる。

正確に時間を合わせたカメラの動画には、剣ヶ峰の鳥居が噴火後十一時五十六分までしっかりと写り、噴石が降ってくるまで二分弱はあったようだ。

剣ヶ峰からは、八十二段のしっかりとした石の階段を下りるか、小屋の裏につづく岩場を下りれば小屋があるのに、なぜ多くの登山者が小屋に逃げ込まず命を落としたのだろうか。一番多くの登山者が命を落としたという剣ヶ峰に、私は正直驚いた。

パニックになっていたのではないかという意見もあるが、パニックになっていれば写真は撮れないであろう。噴石が降ってくるまではパニックというより何が起きたのか理解できなかったのではないだろうか。いちはやく危険だと理解できた登山者だけが、「逃げろ」と叫んで小屋に移動したのだと思う。

剣ヶ峰では六十秒というわずかだが、命を守るために行動できた時間があったことが分かった。六十秒というわずかな時間で何ができるかと思うかもしれないが、六十秒、息を止めれば長く感じないだろうか。意識しなければあっという間だが、意識すれば長く感じないだろうか。

剣ヶ峰という同じ場所で噴火に遭いながら、登山者が生死を分けたのは、一秒のロスも許されない六十秒のなかで、どれだけ早く危険が迫っていることに気づき、命を守る行動に移れたかだと思う。噴煙を見て、危険だと「スイッチ」を切り替えられたかどうかではないだろうか。

噴火直前の剣ヶ峰では、写真で確認できるが、祈祷所の裏の岩場、階段横の岩場、頂上の広場、合わせると一〇〇人近くの登山者がいたことが分かる。そのなかで噴煙を見て、階段を、小屋の裏につながる岩場を駆け下り、小屋に逃げ込めた登山者は助かっている。写真には岩場を駆け下りる登山者が何人も写っている。

小屋までは行けなくても、祈祷所の軒先に早く入れた登山者も助かっている。

祈祷所がもし開放されていれば、多くの登山者の命を守ったに違いない。しかし祈祷所は開放されてはいなかった。軒先に入れなかった登山者は遮るものがなく、おびただしく降ってくる噴石に倒れてしまった。岩陰に隠れた登山者もまた、噴石の飛んでくる方向、砕け飛び散る方向次第で生死を分けている。

逃げ遅れの心理

報道で、噴火直後、多くの登山者が噴煙の写真を撮っていたことを知った。そして実際、私が見た非公開の噴火直後の剣ヶ峰の写真では、多くの登山者が噴煙にカメラを向けているか噴煙を眺めている。なかには噴煙にまだ気づいていない登山者さえもいる。その数秒後に撮られた写真では、まだ逃げずに写真を撮り続ける登山者、見上げる登山者が写っている。

その写真の光景が、私には信じ難かった。同じ噴煙を見たはずなのに、空に岩が舞い上がっているのが見えたはずなのに、剣ヶ峰では何が起きていたのだろう。噴煙を見たあのとき、「自分の命を守る」という行動以外、するべきことがないはずではないか。

「写真を撮っている、見上げている暇などなかったはずではないか」

「剣ヶ峰にはその余裕があったのだろうか」

「多くの登山者が命を落としているのなら、状況はお鉢と変わらないはずだが」

「なぜ逃げなかった」

私のなかに多くの疑問が出てきた。そして悲しみと同時に悔しくなってきた。なぜなら、私がいた小屋もないお鉢より剣ヶ峰にいた登山者の方が、生きる可能性は高かったと思ったからである。もっと多くの登山者が助かっていい場所だったと思ったからである。

そこには聞きなれない言葉ではあるが、「正常性バイアス」と「多数派同調バイアス」という精神状況があったのではないかと推測する。そうでなければ、あの写真の光景は説明がつかない。

「正常性バイアス」とは、迫りくる危険を受け入れたくない。自分は大丈夫だと思う、思い込ませるといった災害時によくある心理状態。逃げ遅れの心理だという。

「多数派同調バイアス」とは、どうしていいか分からないときは周囲と同じ行動を取ってしまう、集団心理だという。

剣ヶ峰は登山者が多かったため、何が起きたか分からず、周りが「写真を撮っているし、逃げないし、大丈夫」と、自身で判断できない登山者は、周りの行動に判断を委ねたのではないだろうか。

「逃げなかったのではなく、逃げられなかった」のではないだろうか。逃げ遅れの心理と集団の心理、そんな精神状態に支配されてしまったのではないだろうか。

逃げなかった登山者は誰一人いない。誰もが精いっぱい行動したと思う。ただ、噴石が飛んできてからでは遅かった。暗闇になる前の六十秒以内に避難が完了していなければ、命を守ることは難しかったはずである。

残念ながら剣ヶ峰には全員が逃げ込めるスペースはなかった。あの尋常ではない噴煙はどこからでも見えたはずだ。そして噴石が舞い上がっているのが肉眼で見えた場所は、一秒のロスも許されない場所だったはずである。

しかしこれは結果論で、あのときどれほど時間があって、どれほど時間がないのか、誰にも分からなかった。いかなる危険が迫っているのか、この先どうなるのかも誰にも分からなかったのは確かだ。だったらなおさら早い判断が必要だったと今だから言える。

噴火直後の噴煙にカメラを向ける多くの登山者が写るその写真からは、登山者の緊迫感は伝わってこない。ただ逃げ遅れの心理と集団の心理に支配された登山者と、噴煙の凄まじさが写る恐ろしい写真である。本当に恐ろしい写真である。

写真を撮っていたから命を落としたとは思っていない。かなりの登山者が写真を撮っていながら助かっている。世間に出ないだけで、驚くほど多くの登山者が写真を撮っていた。

しかし、写真を撮ることより命を守る行動を最優先していれば状況は変わったのではないだろうか。写真を撮ることによって、逃げ遅れの要因になったのは否めないと思う。

剣ヶ峰にいた登山者は、記念撮影のためカメラをザックから出していた人が多かったのであろう。頂上では写真は普通撮るであろうから。山でしか見られない景色を撮りたくて、多くの登山者はカメラを持ってくるのだと思う。そこにめったに見られない光景が見られたら、カメラを向けてしまうだろう。私は写真を撮る習慣がないから撮らないだけで、写真を撮るのが好きな登山者ならやっぱり噴煙は撮るだろう。

視界を失うまでに六十秒あれば、二、三枚撮ってすぐに行動すればまだ間に合った。実際、非公開の写真に写る登山者で、その後小屋に移動して助かった登山者を、私は何人も知っている。

だが、写真を撮らずに命を守る行動を最優先してほしかった。

正常性バイアスを打ち破る危機意識

正常性バイアスにならずに、「スイッチ」を切り替え、即座に行動できるのは一〇～一五パーセントの人だけのようだ。

私は正常性バイアスにはならなかったようだが、岩に張りついた後、危険を受け入れたくない、自分は大丈夫だと思い込ませようとしていた。噴石が飛んできて、目の前の状況が現実だとはすぐに認めたが。順序は違ったが、正常性バイアスの感じは分かる。目の前の危険からとぼけたくなる感じだと思う。目の前の危険を認めたら、それは死ぬことを認めたのと同じである。だが、できるだけ早く認めなければ、本当に死んでしまう可能性がかなり高い状況であった。

私は、噴火のリスクは考えていなかったが、噴煙を見た瞬間から命を守る行動に移れたのは、危険だと瞬時に判断できたからである。それは、多少なりとも私に危機意識があったからではないだろうか。

危機意識が正常性バイアスを打ち破った。私は、そう考える。危機意識が生きるための思考回路の「スイッチ」を入れ替えさせる。そう考える。「自分は大丈夫」。いつまでもそう思っていては災害時では生き残れない。

危機意識があれば、正常性バイアスを打ち破り、「スイッチ」を入れ替え、また自身で判断できれば多数派同調バイアスにもならず、周りに関係なく即座に自分の命を守る行動に移れるのではないか。

登山者が正常性バイアスにならずに「スイッチ」を入れ替え、即座にそれぞれが自分の命を守る行動に徹すれば、そこにシェルターなどの噴石を遮れるものがあれば、生き残る可能性は高くなり、予知できない噴火を最小限の被害で食い止める減災ができるのではないかと思う。この先に繋がる教訓ではないかと考える。ただし、高温火砕流、濃度の高い火山ガスが来ればそこで終わりだと思うが。

正常性バイアスにならないのは一〇～一五パーセントだが、これは当然ながら先着順ではない。多くの登山者が正常性バイアスを打ち破ることができれば、「スイッチ」を瞬時に入れ替えることができれば、生存の比率は確実に上がっていくのではないだ

2014年9月28日、噴火翌日の御嶽山上空。
火口から吹き上がる噴煙。手前は御嶽神社と頂上山荘
毎日新聞社データベースセンター提供

ろうか。それで助かる可能性も上がるのなら、「上げたい」と思う。
いた場所以外で生死を分けたものが、即座に危険と判断、行動に移る登山者の危機意識だとしたら、その意識の違いが生き残る可能性を少しでも上げるのなら、それは教訓として伝えたい。突然の噴火で、限られた場所、限られたほんのわずかな時間のなかで判断、行動することは想像するより難しいのは分かっている。それでも即座に命を守る行動ができていれば、「スイッチ」を切り替えられていれば、生きる可能性はもっと多くの登山者にあったはずではないか。

ただ、平地ではなく標高三〇〇〇メートルの山の頂である。山を始めたばかりの登山者や子どもには、どれほど酷なことを言っているのか、あの場所にいた私はもちろん承知している。噴火のリスクは、初心者、経験者すべての登山者に平等に容赦なかった。それが自然の掟でもある。良くも悪くも自然では誰もが平等である。

酷なのは承知しているが、即座に行動に移れたことが生死を分けた一つの要因であるのなら、それは教訓として学び取り、伝えなければいけない。伝えるだけでは不十分で、生かされなければ意味はない。なぜ死ななければいけなかったのか、死なないために何ができたのか、何をするべきだったのか、教訓とは結果を知ったうえで、この先同じように噴火で命を落とす登山者を出さないためのものではないだろうか。

志半ばで命を絶たれた登山者の無念さをくみ取ることだと私は思う。それができなければ六十三人の登山者は運が悪いだけのムダ死になってしまうのではないか。

噴火の規模や種類で、何が通用するかは結果からしか分からないが、私が御嶽山噴火から得られた教訓は、以下のような点にあると思っている。

①噴煙を見たり、異変を感じたら即座に命を守る行動に移る。

小屋、シェルターがあればできるだけ早く逃げ込み、なければ岩陰に逃げ込む。噴石から身を守れれば生き残る可能性はある。ただし、今回と同じ規模の水蒸気爆発で、高温火砕流がなく、濃い火山ガスが来なければの話だが。

②自分の命は自分で守る。

誰もが自分の命を守ることに徹する。ヒーローはいらない。生きてさえいれば、一緒に登った仲間には小屋か登山口で必ず会える。当たり前のことが、災害時は当たり前にできない。

③危機意識を持つ。

この意識は、経験のなかで培っていくものだと思っている。多くの失敗をし、反省し、考えることで身につくものだと思う。しかし、危険をすべて経験することはできないし、できるのであれば一つも経験したくはない。

山岳事故の事例や、あるいは危険について書かれた本などには、危険から身を守る多くの手がかりがある。生き抜く術が詰まっている。その事例を、自分だったらどうするか考え、想像して経験できないものは身につけるしかない。ある日突然身につくものではなく、面倒だが、日ごろから意識するしかない。自分自身の意識からでしか手に入れられない、厄介でそして大切な自分の命を守る意識である。

これは、私が考える生死を分けたと思うことであり、教訓である。

生存者も人それぞれ、いた場所で感じ方も違う。十七名の登山者が命を落とした八丁ダルミにいた佐藤さんは、「私の周囲で亡くなった方々と私と何が違っていたのだろう」と考えたとき、周囲で亡くなった方々は皆小さなデイパックを背負っていたという。

日帰り装備なのだから無理もないが、デイパックでは噴石から頭部や背中を守るには小さすぎる。佐藤さんは朝日の写真を撮ろうと思い頂上で一泊するつもりだったので、ザックは大きめのザックだったし、防寒着等も入っていてクッションの役割をしてくれた。その差は大きかったように思える。大きな岩に身を寄せられたのも幸運だった。頭上を守るものはザックだけだったが、岩に身を寄せてできるだけ身体が露出することを避けることはできた。その岩を自分が選んで岩陰に隠れたのか、今となってはあまりにも一瞬のことだったので覚えていないというが。

剣ヶ峰にいた岡村さんは、噴火の体験者としての率直な気持ちを「山では何が起こるか分からない。大自然をなめちゃいけない」と記している。大自然はちっぽけな人間の思い通りにはならない。人知を超えた驚くべき自然の「驚異」と、一瞬にして世界を変える自然の「脅威」を改めて思い知らされた。常に畏怖の念を持って大自然に接する意識が必要だと思う。

一人一人の危機意識が大切であり、「自分の身は自分が守る」が原則。「ここで、もしこういうことが起きたら……」というイメージを、いつも一人一人が持って行動すること。行動時だけではなく計画時においても、常にこういう姿勢が必要だ。危険がさし迫ってからでは遅い。

そしてヘルメットとマスクの持参。噴火したとき、もしヘルメットがあれば、多くの人が死なずに助かったはずだ。また、火山灰は粘膜を傷つけ炎症を起こす可能性があるので、マスク、サングラスの必要性も痛感した。身近で手軽な登山でも、ヘルメットやマスク、サングラスはぜひ持って行くべきだと思った。

登山計画書の提出も重要だ。未提出者が多くいたことが、迅速な捜索の妨げになったのは明らかだ。登山計画書の提出はもちろん、家族を含めた周囲への連絡も事前にしっかり行なっておくべきだ。

二ノ池本館支配人の小寺さんは次のように話す。

「登山者一人一人が、身に危険が及ぶ可能性がある活火山に登るという意識を持ち、コース上にある避難施設の場所を把握しておくこと。また、避難所としての役割を担う山小屋スタッフは常に火山活動に留意し、万が一に備えて準備を怠らないようにすること。両者が防災意識を高めることで、被害を最小限に留めることができるのではないか。そして山小屋には非常用としての備蓄（例えば避難者に配る水など）も考える必要があると思います」

噴火に遭えば、必ず生き残れるという術はない。自然の脅威の前で、人間は悲しいほど無力である。あるのは少しばかりの可能性だけである。その生き残る可能性を少しでも上げられるのは登山者の意識ではないか。

正常性バイアスを打ち破り「スイッチ」を瞬時に切り替え、判断を周りに委ねるのではなく、自身で行動に移るのは、一人一人の登山者の意識にかかっている。身を守る小屋やシェルターに入れるかは、行動できたらの結果だ。噴火に遭えばどうなるのかは、そのときによって違うのかも知れない。どんな噴火であろうと、生きることを絶対に諦めてはいけない。一人一人が自分の命を守ることだけを考え、できるだけ早く命を守る行動を起こす。そしてその判断、行動を信じる。

しかし頑張ったからといって、信じたからといって、その結果がいいとは限らない。現実は奇跡などなく無情かもしれない。運をつかめないかもしれないし、つかんでも持続させられなければ生きては帰れない。

それが噴火災害に巻き込まれるということではないだろうか。

噴火で登山者が命を落とすのは今回が最後であってほしい。あんな怖い思いはこの先、誰にもしてほしくない。そう切に願っている。心の底からそう願っている。

シェルター、ヘルメットと危機意識

「噴火から身を守るのに必要なものは何でしょうか?」そう聞かれたら何と答えるだろうか。

私は「危機意識」と答える。

世間では、噴火から身を守るのに必要なものは「ヘルメット」「シェルター」「マスク」「情報」そんな方向で一見落着してしまったように感じる。それは一見、的を射ているようでいて、私にはまったく的はずれに聞こえてしまう。

生存者でも、いた場所によって何が必要か違う。噴石が飛んできていない場所では、火山灰を吸い込まないための「マスク」と答え、山頂周辺でも小屋に逃げ込めた登山者もマスク、ヘルメットと答える人が多い。小屋に逃げ込めず岩陰、軒先にいた登山者はシェルター、ヘルメットと答える。

どれもあればいいと思う。八丁ダルミ、お鉢にシェルターがあり、そこに避難できれば登山者の命を守ったであろう。

今回の噴火で、小屋に避難できた登山者で命を落とした人はいない。小屋まで逃げ、その後残念ながら命を落とされた登山者はいたが。

小屋はシェルターの役目をしていたことになる。剣ヶ峰の頂上直下の二つの小屋は、多くの登山者の命を守った。二つの小屋は、合わせて八十人ほどの登山者が逃げ込んだという。残念なのは、剣ヶ峰の祈祷所が開放されていれば、多くの登山者が逃げ込め、命が救われたと思うことだ。

シェルターの役目をした小屋があっても、そこに逃げ込めなければ残念ながら命を守ることはできない。

剣ヶ峰の視界がなくなるのは八丁ダルミ、お鉢より後だった。少なく見積もっても噴煙が上がってから六十秒はあったことが連続写真で分かる。剣ヶ峰という同じ場所で、同じ噴煙を見ていたはずなのに、できるだけ早く小屋に逃げたり、祈祷所の軒先に入れた登山者は助かっている。

つまりシェルターがあっても即座に逃げ込む行動を起こさなければ、シェルターには入れないということだ。シェルターから歩み寄ってくれることは絶対にない。「行動」を起こし、登山者が歩み寄らなければ、シェルターには入れない。

シェルターがあることで安心するのはいいが、行動を起こし避難することが非常事態のなかでどれほど難しいことかを忘れているような気がしてならない。圧倒的な自然現象を目の当たりにすれば、どうしていいか分からず、固まる体を振り切り行動するのは想像するより難しい。だから簡単にシェルターに入れるとは思わない方がいい。

即座に行動できるのは、早い時点で危険と判断できた登山者か、周りに人がいれば他人の「逃げろ」という判断を純粋に聞ける登山者だけだと思う。

今回と同じ規模、同じ内容の噴火ならいいが、シェルターが通用するかは、残念ながら噴火の内容で大きく変わるだろう。高温火砕流が来たら、その時点で自然には逆らえない。しかしシェルターはないよりあった方がいいのは明らかだと思う。

ヘルメットはどうだろう。活火山にヘルメットを被っていくのは常識だという意見も聞こえるが、それは噴石の恐ろしさ、破壊力を推測と想像でしか理解していないから言えることだと思う。実際、噴石が体をかすめて飛んでいき、四方八方にはじけ飛び、それが火砕流で視界がないなかを雨のように飛んでくる。そしてその凄まじい音を聞けば、ヘルメットで防げるとは思わないはずである。

そんな生やさしい状況ではない。ないよりあった方がいい。そういうレベルだと思ってほしい。私が一番危惧するのは、これから山を始める人や初心者が、「ヘルメットがあれば大丈夫」と安全を手に入れたように勘違いすることである。実際あのとき、ヘルメットを被っていたら、私は小さな岩穴には頭を突っ込めなかった。ヘルメット

捜索のために一ノ池に設置されたシェルター。
直径10センチの噴石が時速300キロで飛んできても
壊れないという

を取っただろう。「入らなければ取る」その簡単な作業があの緊迫感のなか、切迫感のなかでどれだけの人ができるのだろうか。

ヘルメットより岩穴の方が頭を守るには安全と、どれだけの人が瞬時に判断し、行動に移れるのだろうか。多くの人はヘルメットを過大評価してしまうのではないだろうか。

噴石には通用しないが、難を逃れ下山することができれば有効だと思う。平常心では下山できないであろうから、転倒時のケガ防止には役に立つのではないか。実際、火山灰は滑りやすく多くの登山者が転倒していた。降ったばかりの火山灰はサラサラだったので、灰を掘るのにはヘルメットは使えそうだ。被ることで少しでも「安心」を手に入れるのはいいが、「安全」を手に入れたわけではないことを肝に銘じる必要がある。

ヘルメットはただ被っているだけではなく、被るときは頭の大きさに合わせ、あご紐がしっかり食い込むくらいに被らなければ、ゆるゆる、ブカブカでは意味がない。そしてわりとあっけなく割れることも知ってほしい。

マスクもあるに越したことはないが、ポケットなどすぐ出せる場所でなければ意味がない。噴火すれば「ザックを下ろし……」などの余裕はない。そんな余裕があるのは、火口から離れている比較的安全な所だけだと思う。

誤解しないでいただきたいが、私はシェルター、ヘルメットを否定しているわけではない。

「何かを造れば、何かを持てば大丈夫」そんな単純な考え方は自然には通用しないと思っている。そして設備や装備は「なぜ必要なのか」という危険の本質を見極められなければ、使いこなすことはできないと思っている。

物で解決するのは手段ではあるが、決して核心ではない。それは謙虚さもない人間の傲慢な考え方ではないか。そこに共生があるとはどうしても思えない。

登山者を噴火から守るため、たとえシェルターがあり、ヘルメットを被り、噴火の情報が逐一伝えられすべてが整ったとしても、危険と判断し即座に行動できる登山者の危機意識が伴わなければ命を守ることはできない。

他人任せでは不十分で、最終的には自分の命は自分でしか守れない。私はそう思う。

自分の命は自分で守ろうとする意識こそが、噴火から命を守る「核心」ではないだろうか。登山者が危機意識を持つことで、装備、設備を最大限使いこなせれば、減災に繋げることができるのではないだろうか。

シェルターがあっても避難する行動を起こせない。危機意識があっても逃げる場所がない。どちらかだけでは限界がある。

火山に登る心構え

どうすれば噴火から命を守ることができるのか。斬新かつ確実なのは「登らない」ことに尽きる。噴火直後、学者がそうインタビューに答えてかなり批判を受けていたが、私もその通りだと思っている。私自身、御嶽山には慰霊と現場検証のため登りたいが、他の活火山にリスクを承知で登る理由がどうしても見つけられない。山はたくさんある。そのなかでリスクのある活火山を選ばなくてはいけない理由はない。登る山を選ぶのは登山者自身の自由である。

それでも活火山を登るのなら、準備と知識は必要である。登山者ができるのはまず警戒レベルを調べること。気象庁のHPから見ることができる。しかし残念ながらそれはなんの説得力もない。なぜなら御嶽山は「レベル一」で噴火したからだ。そして水蒸気噴火は予知できないと太鼓判を押されている。日本火山学会からは「安全に火山を楽しむために」というパンフレットがあり、日本火山学会のHPで公開されている。

自分が登る活火山の登山ルート沿いに火山ガスの危険や、噴火が想定される火口があるのか、異常が観測されていないか調べる。併せて過去の噴火活動も調べておくといい。登山者自身が、活火山に登っていることを強烈に意識し、火口付近では「今噴火したら」と頭のなかにイメージする。もちろんシェルター、山小屋がどこにあるのか、頭に叩き込んでおくのは基本である。

マスクもポケットに入れ、タオルは首からかけておく。

火口近くで長く休憩をとらない。

そして少しでも異変を感じたら、速やかに火口から離れ、運悪く噴火したらシェルター、小屋が近くにあれば即座に逃げ込む行動に移る。小屋も噴石の直撃で必ずしも安全ではないので、できるだけ下の階に移り、柱や梁などの構造上強度のある所に身を寄せる。

小屋やシェルターがない場合、火口の反対側のできるだけ大きな岩に逃げ込む。噴石は岩や地面に当たり、四方八方に飛び散るので、とにかくザックで頭を守る。

噴煙を見てするべきことは「命を守る行動を即座にする」こと以外何もない。写真を撮ったり、噴煙を見上げる時間の余裕は一秒たりともない。

「命を守る行動」とは、やみくもに逃げればいいわけではない。噴石が飛んでくるなかを逃げ、当たれば生き残る可能性は低くなる。岩陰で凌ぎ、視界、チャンスがあればもっといい場所に移動する。自分が置かれた場所で、臨機応変に何が生きて帰るために最善の判断か瞬時に決断する。もちろん「動かない」という判断もある。

すべては結果論である。そのときの自身の判断を信じるしかない。

そして何より「生きて帰る」という気持ちを強く持ち、絶対に諦めない。

そこまで命があったのなら、後は高温火砕流が来ないこと、噴石に当たらないこと、噴火が終わることをただ祈る。祈り尽くす。それしかない。しかしながら期待どおりにはいかない。自然現象は無情であることを忘れてはいけない。

生き残るには、「運」もある。説明できなければ「運」しかないのかも知れない。

噴火に巻き込まれた時点で、運は最悪だろう。その最悪の運を変えるには、判断、行動すること。それでわずかばかり生き残る可能性を引き寄せることができるかもしれない。引き寄せただけでは不十分で、「生き残れた」という結果に繋げなければいけない。ただどう頑張っても、噴石の飛んでくる方向、はね方は運でしかないと思うが。

噴火という自然現象に巻き込まれたとき、人間ができるのはせいぜいこれくらいだろう。

「判断、行動」生き残る可能性をどれだけ登山者の「危機意識」で引き寄せられるかだけだと思う。一〇〇パーセント安全ではない自然に、自らの意思で踏み込んでいることをどれだけ自覚しているかだと思う。

残念ながら「運」は、その後でしかない。

私は、今回の噴火を事例として残せたらと考えている。噴煙を見た瞬間、「どうするんだっけ?」と思った。今までに噴火の詳細な事例はなかった。そして噴火に遭うことを想像したこともなかった。もし遭ったら、その時点で生きて帰って来られるとは思わなかったからだと思う。これからは、活火山を登るリスクのなかに、「噴火」を意識してもらえたらと思う。頭の片隅にでも留めてもらえたらと思う。ただどれほど意識しても、山で起こる、防げるであろう道迷いや滑落、ある程度予知のできる気象遭難とは違い、噴火に遭えば絶対に助かる術はなく、生き残る可能性がどれほどあるのかを認識してもらえたらと思う。

＊

登山者を噴火から守るために、地元でも今回の教訓を生かす動きがある。

木曽町は剣ヶ峰頂上直下の頂上山荘と二ノ池の畔にある二ノ池本館を、所有者からの自力での再建が難しいとの申し出もあり、町の施設として再建する方針が決まった。雪解け後調査に入り、国有地のためどこに建てるのかや、取り壊し、どんな施設にするのかの協議を重ね、三年後を目途に再建できたらと準備を進めている。

火山情報を伝えるビジターセンターを登山口に設置する方針も示されている。

王滝村では頂上直下の剣ヶ峰山荘と王滝頂上山荘については、規制区域内なので今の時点ではまったく白紙の状態だというが、八、九合目の避難小屋は整備することが決まった。屋根と壁には防弾チョッキに使われるアラミド繊維という特殊な繊維でできた布を張り補強する。アラミド繊維は、一〇センチ大の噴石が時速三〇〇キロで飛んできても貫通しない実験結果が得られている。

九合目の避難小屋には防災無線と拡声器を設置して、もしもの事態での素早い情報伝達に備える。

その他のシェルター設置などは県、町村、気象庁、火山専門家などでつくる御嶽山火山防災協議会で協議されるという。

いずれにしても標高三〇〇〇メートルの高山で建築物を壊し、また何かを造るというのは莫大な費用がかかるのは間違いない。いつになるか分からないが、規制が緩和され頂上に登山者が再び登れるようになるのなら、その日のためにできる限りの備えは必要だと思う。

御嶽山が活火山であるマイナス面があったとしても、そこを積極的に伝えることで登山者が活火山と向き合うことができるのではないだろうか。噴火さえしなければ、山頂部には美しい湖があり、雄大な景色が広がり、自然の魅力が満ちあふれている。

今回の噴火では六十三名の登山者が命を落とされ、また多くの登山者が傷ついた。登山者だけではなく関わるすべての人の人生が大きく変わったのではないだろうか。そして火山災害と真剣に向き合うきっかけとなったのではないだろうか。噴火はこの先も阻止することはできないが、減災は備えることでできることを教えてくれたと思う。


行政の動きはまだ始まったばかりだが、命を落とされた登山者から得た教訓を着実に生かし、この先に繋がっていくと感じられる。そのことを心から感謝したい。

登山者を噴火から守る施設などのハード面はたいていお金で解決できる。しかし、登山者の危機意識というソフト面はお金では解決できない。逆にお金で解決できないところに意味があるのだろう。

経験、体験のなかで苦い思いを繰り返し、反省し考え自分のものにしていくしかない。気がついたら身についているといった代物ではない。何度山に行って経験しても、何も考えなければ身につけることは到底できないという厄介な意識である。危険に遭わない保証があれば、いらない意識かも知れないが。

危険を常に意識し考えるなど面倒だが、それがわざわざ非日常の自然に踏み込む登山の魅力だと私は思っている。言い訳が通用しない自然に踏み込む意味だと思っている。そこに私自身が魅せられている。

登山者の意識

登山者が山の危険から命を守るには、私は「意識」が必要だと考える。安全を約束されていない自然に踏み込むという意識があってこそ、命を守る準備や知識、そして判断、行動に繋がるのではないだろうか。意識こそが身を守る「核心」だと思う。これは活火山に登るということも含め、登山という行為すべてにおいてそう考える。この「意識」とは危機意識、自分の命は自分で守るという意識すべてを含めた自己責任の意識である。

登山という行為を説明するとき「自己責任」という言葉は必ず出てくる。登山＝自己責任。避けては通れない言葉ではないだろうか。

この言葉は受け取る側次第で誤解されやすい言葉ではないだろうか。私自身が、この言葉を噴火直後に使い、傷つけてしまった方々がいる。ただ相手がどう受け取っているのか分からないし、直接聞かれたこともないため、相手も私がどういった意味を込めて使ったかも分からないと思う。この誤解とは、命を落とされた登山者を責めていると捉えられたからだと思う。だが、そういうつもりは一切ない。

御嶽山噴火において「自己責任」という言葉は「使用禁止」だった。ある記者に言われたのは、御嶽山は気象庁の観測対象で、地元の自治体が規制対象にしていた山。他の山で起きる滑落、雪崩、道迷いの遭難のように「自己責任」という言葉だけでは片づけられない、という。あの日、警戒レベルは一だった。噴火を予知できないなかで、あのタイミングで噴火したことは誰のせいでもない。御嶽山の都合である。噴火したことを誰かのせいにすることはそもそも無理ではないだろうか。自己責任で片づけることは考えてはいないが、命を落とされた登山者は、「噴火災害の犠牲者」であるが、皆、噴火に遭うまでは登山者だった。そのことを忘れているような気がする。

噴火後の取材のなかで、自己責任と言ったのは、自分自身に言った言葉であったが、登山者が持っていてほしい意識としての願望はあった。なぜなら人任せでは、噴火のなかを生き抜くことは難しかった。自分の命は自分でしか守れないことを痛感していたからである。

そして何より「自己責任」。この言葉は、登山者自身が山を危険な場所だと認識していなければまったく通用しない言葉である。同じ山頂を目指していても、驚くほど登山者それぞれの意識は違う。

危険予知、回避、対処をどれだけできたとしても一〇〇パーセントの安全は自然界では存在しない。自然相手の登山とは、どう考えても自己責任の意識なしでは成り立たない。登山者が持つべき、持たなければいけない大前提の意識であり、そして覚悟であると私は思っている。

「自己責任」とは

まず自己責任とはなんだろう。いろいろな捉え方があるかと思うが、私自身はこう考えている。山は基本的に自分が好きで行くところだと思っている。日本国内では自由に自分が登りたい山に登れ、山や人に迷惑をかけないマナーとモラルはあっても、スポーツのようにルールはない。体重制限、年齢制限があるわけでも、勝ち負けがあるわけでもない。山に登る目的は多種多様だが、それぞれが好きに自分に合ったルールのなかで臨機応変に判断し、山を楽しむことができる。ただし、そうは言っても、揺るぎない暗黙のルールがある。それは「山で死なない。無事下山して家に帰る」という、他のスポーツにはない究極のルールである。

登山とは、自分の自由意思で登る以上、責任の伴わない自由は山では通用しない。条件が悪ければ驚くほど死が身近で、一瞬のミスさえ命取りになりかねない。最悪の場合、死をもってその自由を受け入れなくてはいけない場所である。

山は、人それぞれ楽しみがあり豊かな心にもさせてくれるが、楽しいだけでは済まされない多くの危険も混在している。危険があることを踏まえ、それでも登山者自身が判断し自然に踏み込むのなら、それは自己の責任となるのではないかと私は考えている。

簡単に言うと、山は好きで行く所で、それを覚悟し、登山者自身が踏み込む判断をしたのであれば、そこで起きるすべては自分持ちになる。誰かのせいにできたとしても、ケガも、最悪の場合は死もすべて自分持ちである。

自己責任だからといって、何をしてもいいわけではない。自己責任とは、生きて家に帰ることができて初めて成立する。

自己責任という言葉にはいろいろなシチュエーションがあると思うが、山では「自己責任」＝「自分の命は自分で守る責任」と考えるのが、この言葉の本質ではないだろうか。そう考えることで、危険から身を守るリスク管理を登山者自身が真剣に考えることに繋がるはずだ。仮に事故を起こしたとしても、「自己責任」だからといって救助、捜索されないことはない。生存を願い、命がけで救助、捜索にあたる救助隊員がいることを忘れないでほしい。

私自身、山は日常から非日常に踏み込むことだと考えている。自己責任という言葉は非日常に踏み込む覚悟を感じさせる言葉だと思っている。

楽しい思い出は自分のもので、自分にとっての不都合は誰かのせい。それが通用しない行為が登山だと思う。いい思い出も不都合も納得のうえの行為でなければいけない。

装備の進化や交通手段、山小屋等の施設の充実、情報の手軽さから楽しい山が溢れている。非日常のはずの山が便利に、快適になり過ぎ、世間と変わらない日常になりつつあるのだろうか。危険があることを、想像しにくくなってきているのだろうか。それは、人間の都合のよい錯覚ではないだろうか。山を誰もが楽しむのはもちろんよいことだと思う。ただ楽しいだけではない。常に危険と背中合わせであることを決して忘れてはいけない場所である。

あの日、御嶽山が噴火するとはまったく思っていなかった私自身が、まさにそうである。山には一〇〇パーセント安全が約束されていないこと、死が山では身近にあることを、晴天の御嶽山で私は忘れていた。自分は大丈夫、そう信じて疑わなかった。私は山をなめていた。そのひと言に尽きる。

山は人任せにしない

究極のルール「山で死なない。無事下山して家に帰る」には、どうしたらいいのか。するべきことは自ずと見えてくるのではないか。

自然が安全を約束されていなければ、安全に近づける努力が必要である。自分が登る山を事前に調べようとは思わないだろうか。調べようと思えば、地図は必要で、その時点で計画書が必要だと思うのではないか。計画書は何かあったときの捜索のために作るのではなく、山に踏み込む登山者の心構え、危機管理に繋がるのではないか。

調べることでどんな危険があるか想定でき、どんな装備が必要か、どれほどの体力、技術が必要かも当然見えてくると思う。ルートに岩場があれば、岩場を通過するには技術がいる。営業小屋がなければ装備、食料を全部背負わなければいけない。体力も当然必要である。

今回の噴火のように、事故が起きたときどれくらいの登山者が山に入っているのか把握するのには、登山計画書の提出を条例にするのはいいが、出すことに意味があるのではなく、計画書は作成することに意味があるのではないか。地図を見て想像するのは、登山の楽しみの一つでもあると私は思っている。安全登山には事前の入念な準備と、山を知ることが必要不可欠である。

自分が登る山を調べ、知識にするという行為は、自分自身の身を守ることに必ず繋がるはずである。

御嶽山噴火では、登山口に活火山と書いた看板がなかった、噴火に関して情報がなかったという意見があるが、もちろん危険に関する情報は最大限共有するべきである。だがその前に、登山者自身が、自分が登る山を積極的に調べることが必要ではないだろうか。活火山と知っていれば、噴煙を見て「すぐに逃げられた」という意見もある。そう考えるのなら、情報は人任せではなくなおさら登山者自身が調べるべきであると私は思う。

あの日、御嶽山が活火山だと知らなかった登山者は驚くほど多い。それは何を意味するのだろう。

仮にどれほどの情報を提供されても、それを受け取る登山者自身に、安全が約束されていない場所に踏み込むという自覚や危機意識がなく、危険を想像せずに自分は大丈夫と思っていれば、どんな情報も残念ながら意味はない。

そして人任せでは自分の命は守れない。

山で自分の命を守るには、山は厳しい一面もあるがムダに怖がるのではなく、その厳しさを含めて謙虚な気持ちを持って山を知り、受け入れ、向き合い、登山者ができるだけ多くの危険要因を知ることで、起こり得る危険に対してどこまで想像できるかで、対処法、回避法が見えてくると思う。そして遭遇してしまった場合、生きるための的確な判断ができることが危険から命を守るのではないだろうか。「知る」ことや、危機意識を身につけるには山で苦い経験をし、考え、自分のものにするしかない。言うのは簡単だが、やっぱり自分は大丈夫だと思ってしまうのが人間だと思う。

私にも、山と向き合う意識を変えた苦い経験がある。まだ山を始めたばかりのころ、自分が危険に遭うなど想像もしなかったし、ただ楽しいだけで山に登っていた。そんなとき、小屋番をしていて、登山者が小屋から少し下りた所で命を落とした。死因は肺水腫だった。高山病である。私が小屋に着いたとき、すでに顔が腫れていた。手もパンパンだった。すぐに下山することを勧めたが、登山者は聞き入れなかった。これまでに、何度も同じ症状が出て、そのたびに救助されていたというのだ。そして私自身に登山者を説得するだけの知識も説得力も、行動力もなかった。山はただ楽しいだけだと思っていたからである。危険を知ろうとも、危険を回避する術など考えることも、そのときの私にはまったくなかった。命を落とした登山者は私が駆けつけたときはまだ生きていた。「ヘリを呼んでくれ」と言っていた。しかし天候が悪くヘリが来ないことが分かると、何かが切れたように、ゆっくりともたれていた岩から登山道に倒れ、動かなくなった。人工呼吸も、胸骨圧迫もしていない。私も魂が抜けたようにそこにうなだれていただけだった。このとき、人が目の前で死ぬのが怖いというより、あまりのあっけなさに驚いた。自然界では、条件が悪ければあまりにも死が身近だと、私に強烈な印象を残した。ヘリが飛べば助かっただろう。それよりもっと早く登山者自身が下山する判断ができていれば、助かっていただろう。登山者には下山するだけの体力はあったはずだ。

この後、私はかなり落ち込んだが、山にベテランなど存在せず、謙虚な気持ちをもって向き合わなければ簡単に命を取られる場所だと、この事故を通して、私の意識は確実に変わった。事故を起こさないために、対処、回避の方法について最大限登山者が努力するべきだと思った。それは誰のためでもなく、自分の命を守るためだ。そして、なにより山で死にたくないと思った。あのとき、小屋番が私でなく山を知る人だったら、登山者を下山させて命を救えたのではないか。知識は自分の命を守ることに留まらず、人の命を守ることにも繋がることを身をもって知った。

経験は何物にも代えられないが、登山者が、危険をすべて経験することは現実的ではないし、しなくていいのならしたくないのが本音だと思う。事故の事例や危険について書かれた本などでは限界もあるが、やはり過去の事例から「自分ならどうしただろう、何ができただろう」と考え、想像することで身につけるしかないと思う。自身の経験ではなくても、過去の教訓を知識として知ることは役に立つと思うし、役立てなければと思う。

知ること、体験することで知識を得られれば、置かれた状況で何が最善か考え、判断できることに繋がるのではないだろうか。そして判断は行動に繋がっていく。結果、暗黙のルール「山で死なない。無事下山して家に帰る」をたぐり寄せられるのではないだろうか。

常に自分で考え、判断し、行動できる「自立した登山者」に、一人一人がなることが必要である。

そう言いながらガイド登山では、「考え判断する」という登山者に一番必要で重要な点をガイドがする。リスク管理がガイドの最も重要な仕事だが、そのリスクを共通認識としてどれだけお客さんに説明し、共有してもらえるのかが、リスク管理同様ガイドの重要な仕事だと考えている。あまりリスクのことばかり言うと嫌がられるが……。

一人一人が自立した登山者になれば、今、異常事態と言われる遭難は確実に減らせるのではないか。

私は中央アルプスの救助隊員でもあり、登山者が多い時期など遭難防止のパトロールに行くこともある。標高二六六二メートルの千畳敷は、バス、ロープウェイを乗り継ぐと、麓から一時間で来られてしまう。そこからの景色は、四季を通じて絶景である。千畳敷カールは高山植物の宝庫でもあるが、おかしな登山者の宝庫でもある。

標高三〇〇〇メートル付近をビーチサンダルで短パン、タンクトップ、夏でも寒いからワサビが擦れそうなくらい鳥肌を立てている。荷物は持たず携帯だけを握りしめている観光客もいる。信じられないが、木曽駒ヶ岳では珍しくない光景である。

千畳敷カールまでは観光だが、その先は登山である。おそらく本人は自分が登山者だとは思っていないと思うが。

木曽駒ヶ岳では、学生と引率者が真夏に低体温症で命を落とした痛ましい大量遭難の過去がある。下界がうだるような暑さでも高山では冷たい雨が降り、風が吹く。装備や交通手段、気象予報が進化し、手軽に標高三〇〇〇メートル付近まで来られたとしても、今でも同じように冷たい雨が降り、風が吹く。山の条件は昔と何も変わらない。そして装備は進化したとしても、人間の機能は進化しない。むしろ、本能的な感覚は後退しているのかも知れない。

山での失敗は笑ってすませられるうちはよいが、声をかけても登山者自身に高山に来ている自覚がないので、話が通じないこともよくある。痛い目に遭わないと分からないのかも知れないが、痛い目に遭ったときは終わりかもしれない場所である。

救助隊の使命は捜索、搬送もあるが、やはり遭難者を出さない遭難防止ができれば一番いい。事故が起きる場所はだいたい決まっている。事故の事例を聞くたびに「またあの場所か。防げたのでは」と思えてならない。

中央アルプス地区遭難対策協議会という組織があり、救助隊のほかに、登山者が多く入山するときには相談員による遭難防止を目的とした活動もされている。いくら事故を起こしそうな登山者でも、登らせないという権限はない。それはやはり、登山は登山者自身の判断が原則の自己責任だからである。多くの情報は提供するが、最後に決めるのは登山者自身である。そのためにより多くの近々の情報や危険箇所などを知ってもらう準備が始まっている。それは、調べて来るのが基本という姿勢から一歩踏み込み、安全登山に繋がる情報をより多く提供することで遭難が少しでも減ってくれることを願い、期待するからである。「事故を起こす登山者が悪い」という考え方では、事故は減らないのが現状である。

たくさんある山のなかから中央アルプスを選んで来てくれたのに、悲しい思いを誰もしてほしくないのである。事故を減らしたい。中央アルプス地区救助隊員、相談員をはじめとする山岳関係者全員の願いである。

「山で死なない。下山して家に帰る」

自然は老若男女、初心者、経験者、誰に対しても平等である。登山者それぞれがどのように準備して山と向き合うのか、関わるのかが重要ではないだろうか。そしてどれだけ準備をし、自己責任の意識があったとしても、やはり何が起きるか分からない。山では、死と向き合う可能性が自分にもあることを決して忘れてはいけないと思う。それが登山という行為であり、自然と向き合い、共生することではないだろうか。

まさに噴火は天災だった。警戒区域に無理やり入ったわけではない。警戒レベル一で噴火した。噴火災害に巻き込まれた、どうすることもできない自然現象だったと思う。

あの日、私は御嶽山を命がけで登ったつもりはまったくなかったが、結果的に命がけになってしまった。活火山なので、噴火の可能性はゼロではなかったが、「何が起きるか分からない」その言葉を身をもって重く受け止めている。

ひとくくりで登山と言っても高所、岩登り、沢登り、積雪期、無雪期など多種多様である。想定できるリスクの違いはあるが、いずれにしても自然に踏み込む行為は同じである。登山者が持つべきは、やはり「自己責任」という強い意識と覚悟であってほしい。そう思うことが自身の身を守ることに繋がるはずである。

そんな意識は通用しない時代が、近い将来、来るのかも知れないが、登山は自己責任だからこそおもしろいのではないだろうか。そのときの判断がすべてだからこそ、真剣になり、やめられないのではないか。私自身その判断が悪く失敗もしてきたが、それはすべて自分自身に返ってくるから仕方がない。誰かのせいにしている暇があるのなら、技術、体力、どんな状況でも生き抜く術を身につけ、次がある限り考え、想像し、判断に繋げ行動する。絶対的な山を相手に、非日常な空間のなかでジタバタ考え、山に挑むことはやっぱりおもしろい。山登りを理解できない人の方が多いと思うが、先人たちが損得に関係なく、自己責任の意志を強烈に持って高みを目指した情熱は、時がどれほど経とうと色あせない。

初登を競い合ったクライマーは言う。

「あの情熱を違うことに向けていられたら、人生成功していた」と。そういう顔が、まったく山に賭けた情熱を後悔していない最高にいい顔であることは本人が一番知っていると思う。到底真似することはできないが、その意志だけは持っていたいと私は思う。

今年（二〇一六年）から八月十一日が「山の日」に制定された。山に踏み込む登山者が増えるだろう。暗黙のルール「山で死なない。無事下山して家に帰る」。判断に迷ったときは、この暗黙のルールを思い出してほしい。登山で、登頂よりも重きを置くべきは、下山して家に帰るということだと私は思う。

「自分の命は自分でしか守れない」そのためには何ができるか、何をするべきか自ずと見えてくると思う。登山者それぞれ見え方は違うかも知れないが、考えてみてほしい。自分で考えることが何より自分自身を危険から守ることに繋がるはずである。いい思い出も不都合もすべて自分持ち。それが登山の醍醐味ではないだろうか。

山は素晴らしくもあり恐ろしくもある。そのことを肝に銘じて、謙虚な気持ちをもって山と向き合う。山は今までもこの先も、何も変わらない絶対的な存在である。

御嶽山再訪

二〇一五年十月六日、噴火から一年と少しが経ったとき、私は濁河温泉からの小坂口登山道を五の池小屋まで登ってみた。このとき噴火後、初めて御嶽山に足を踏み入れた。避けていたわけではなく、ただ単に行く時間がなかったからである。しかし、他の山からは何度も見ていた。ガイド山行では、中央アルプス、南アルプス、北アルプスなど御嶽山が見える所では、お客さんに噴火の話をして一緒に黙祷を捧げてきた。中央アルプスからは今現在噴煙も確認でき、天気がよく裾野まできれいに見えるときは「本当にあの山が噴火したのかな」と思ってしまうぐらいである。

私は、こちらのコースから登るのは初めてだった。十月、小屋閉まい間近の平日だったので登山者はほとんどいなかった。

途中、谷から風に乗って火山ガスの臭いがかすかにした。その臭いを嗅いだ瞬間、無意識に体が止まり隠れる場所を探した。

こんなこともあった。ガイド山行でご来光を待っているとき、風が強かったのでお客さんに「太陽が出るまで岩陰にいましょう」そう声をかけて岩陰に入ると、無意識に立ち上がってしまった。岩陰にいることがものすごく嫌だった。

身体が、脳が強烈に噴火を覚えていて、意識とは別に動いてしまうのだと思う。この感覚とは当分付き合っていかなければいけないと覚悟している。

五の池小屋から剣ヶ峰までは、二キロぐらい離れている。遠くに灰色の頂が見えた。この場所から剣ヶ峰を見たのは初めてだった。「こんなふうに見えるんだ」と思った。同じ山でもここまで離れていれば、そう危険ではなく、噴火当時ここにいた登山者は噴煙をどんなふうに見ていたのかな、と思ったりした。

小屋の周りは灰もなく、小屋も噴石による破損の被害もなく、噴火を連想させるものは何もなかった。

小屋のすぐ先にある三ノ池はエメラルドグリーンで、本当にきれいだった。ずっと見ていられるくらいきれいだった。

同じ御嶽山の一部とは思えないくらい、別世界の山にいるように感じた。

夜、寝る前に外に出た。月明かりに浮かぶ剣ヶ峰の輪郭が見えた。暗く静かだったので急に怖くなった。一度に多くの登山者が命を落とした場所だと思ったら怖かったが、しばらく見つめていた。

噴火もエメラルドグリーンの三ノ池も御嶽山である。全部ひっくるめて御嶽山である。

分かってはいるけれど、きれいな所だけ見ようとしてしまう。美しい山の自然も山の厳しさも、私はガイドをしながら両方伝えていきたいと思っている。

それがあの日、私が生かされた意味かもしれない。そんなことをぼんやり考えた。あまり考えすぎると具合が悪くなってしまう。すでに病んでいるのかもしれない。それは分からない。

小屋に年配の姉妹がいた。下呂市に住んでいる七十七歳のお姉さんは、毎年、御嶽山に登っているという。他の山には登らない。なぜ登るのか尋ねてみたら、「人は年とともに体力が落ち、心も常に変わり続けるけど、山は何も変わらない。毎年来ることで、自分の体力と心が分かる」そう教えてくれた。

山には人それぞれ登る理由があり、目指すものや登り方もいろいろである。この方の登り方も「素敵だな」と思った。

山に登ることは本人の自己満足以外の何物でもない。

その日、小屋には七名の登山客がいた。登る理由も目的も違う。同じ道だがかかった時間も違うし、何を思いながら登ってきたのかも分からない。しかし、あっという間に仲間になる。多くの登山者の命を奪った山だが、ここにいた登山者、山小屋スタ

エメラルドグリーンに輝く
御嶽山三ノ池。
山には、美しさと厳しさが共存する

ッフはみんな御嶽山が好きだった。

噴火という現実を直視しつつ、あるがままの自然を受け入れ、剣ヶ峰まで登れる日を待ちたいと、そこにいた登山者の気持ちは同じだった。そのことがとても嬉しかった。

着実に自然は復元するが

五の池小屋に行った後、十月二十日、警戒レベルが引き下げられ、立ち入り規制区域が二ノ池の少し手前までになった。

私は噴火当日と同じルートで、ロープウェイに乗って飯森高原駅から歩き出した。ロープウェイ駅には登山者、観光客もいなかった。

鹿ノ瀬駅のレストランの壁に、ご遺族の野口さんが寄贈した亡くなられたご主人の泉水さんが撮った剣ヶ峰からの噴火直後の写真が展示されている。

多くの人の目に触れてほしいと思う写真である。何年か経ち、多くの登山者が御嶽山に戻ってきたとき、噴火の記憶は忘れられているのかもしれない。天気がいいときに御嶽山を見れば美しさが勝り、山の恐ろしさを想像するのは難しい。あの日のように、「今日は噴火しない」と誰もがそう思うだろう。

この写真を報道で公開したとき、野口さんはこう言っている。

「噴火の写真なんて撮っていないで逃げてほしかった」と——。

ご遺族の野口さんがそうメッセージを出すことはとても意味があると思う。少なくとも私には、悲しいだけで終わりにしたくない、噴火で命を落とす登山者がこの先いてほしくないという強い想いを、この写真から、そして写真を寄贈した野口さんから感じている。

登山者は数人いたが、八合目の女人堂までで それ以上は登ってきてはいなかった。天気はいいが気温が低く、風も強かった。紅葉もすっかり終わり、ナナカマド、ダケカンバの葉も落ち、あとはいつ雪が降ってもおかしくない時期になっていた。

女人堂で休んでいると、横にあった空のドラム缶が気圧か温度差か分からないが、突然「ボン」と跳ねるような大きな音を出した。その音にまたもや体が無意識に反応してベンチの隙間に入り、地面に張りついていた。「他の山ならまだしも、御嶽山でその音は笑えない」と地面に張りつきながら一人で笑ってしまった。完璧な反応である。

登山道は整備されて歩きやすく、灰が気になることはなかった。九合目石室山荘より上では少し灰がたまっている所もあったが、思っていたより灰は少なかった。関係者が丁寧に整備してくれたのだと思う。

覚明堂の前を通り、二ノ池の手前まで行けた。覚明堂を見たときなんだか懐かしかった。ここは噴火当日、私が被害状況も分からないなか、ただ自分が生き抜いたことを確信した場所だった。小屋番にケガをした登山者の救助要請をしてもらった小屋だった。「いいから飲みな」そういって飲み物をいただいた小屋だった。噴火後、何も飲んでなかった私の体に水分が沁みわたった。今、まったく人の気配はしないが、あの日、この小さな覚明堂は、多くの登山者の命を守った小屋である。不安な登山者を勇気づけた小屋である。大事に守ってこられた大切な小屋であるが、残念ながら噴火後、廃業が決まったと聞いている。

二ノ池の少し手前に、気象庁の観測器を業者が設置していた。ニットの帽子をかぶり、手袋をはめても、顔に打ちつける風が強くてかなり寒く、長い時間はいられなかった。

噴火当日、登山道に出た所で電話をかけようと身を隠した同じ岩陰で、お線香に火をつけ剣ヶ峰に向かい黙祷を捧げた。二ノ池は灰で池が少し埋まり濁っていて、端がうっすら凍っているようだった。

私が避難ルートに使い、走って下った二ノ池のガレは、雨でかなり流れたようで灰

2015年10月20日、
1年ぶりに再訪した
九合目にある覚明堂の避難小屋

は少ししかなく岩が見えていた。

あの日、灰が降ったおかげで雪の上を走るように短時間で下りてこられたが、灰が積もってない今なら浮石に神経を使って下りてくるので時間はかかるな、そんなことを考えながら二ノ池のガレを見つめていた。

岩陰に雪のように灰が溜まっている場所が所々にあった。

六〇〇メートルほど離れた剣ヶ峰に目を移すと、噴石で壊れた頂上直下の小屋も山頂の祈祷所、鳥居も見えた。灰色で、山頂だけが時間が止まったように感じた。どこにいってしまったのだろうと気にしていた剣ヶ峰の白川大神像様の頭は、その後見つけだされ、麓に下ろされたという。

いつ登れるようになるのだろう。近いようで遠い頂に見えた。剣ヶ峰の斜面は灰が残り、しっかり灰色になっている所と流されて岩が露出している所とが混在していた。

「再捜索でも見つけることができなかった五名はどこにいるのだろう」

そんなことも頭に浮かんだ。五の池小屋から見たとき、遠くに見えた剣ヶ峰は怖く感じたが、二ノ池から見た剣ヶ峰は怖くはなかった。怖いというより、どうなっているのか知りたいと思う気持ちが強かったからだと思う。

感情的になることもなく、淡々と山の状態を見ているだけだった。

再訪した二ノ池。
池は灰で少し埋まり濁っていて、
端はうっすら凍っていた

一ノ池や剣ヶ峰周辺は立ち入り禁止のため見ることはできなかったが、一年で灰色一色のあの地獄のような世界はかなり変わっていた。着実に自然は元に戻ろうとしていた。

元に戻れないのは人間の気持ちだけなのか。どうだろう。人間の気持ちもゆっくりだが、前を向くことはできると思う。

御嶽山は相変わらず噴煙を上げているものの、何もなかったかのようにあの日から着実に時を刻んでいた。

＊

再訪は、あの日噴火に遭ったそれぞれの登山者にもあるだろう。

あの日以来、登山を止めてしまった人もいるだろう。他の山には行けるが、御嶽山や活火山には登れない人もいるだろう。

剣ヶ峰が登れるようになるのを静かに待っている人もいるだろう。その日が来たとき、再訪できたとき、生存者はあの瞬間にいた場所に立ち、何を感じ、何を思うのだろう。

また命を落とした登山者のご遺族、仲間も登れるときを待っている方もいるだろう。

御嶽山に登ったとき、なぜ命を落とした登山者は、この山に登りたかったのか分か

まだ立ち入りが許可されていない
御嶽山頂上付近。
噴火の跡が痛々しい

剣ヶ峰頂上の祈祷所と鳥居。
左手に見える小屋が御嶽頂上山荘。
二ノ池から望遠レンズで撮影

ると思う。

最後に見た景色は地獄さながらの景色だったが、その直前までは御嶽山の雄大な自然を満喫して楽しい時間を過ごしていたはずだと思う。あの場所に行かなければ分からないこともたくさんあると思う。

この先も、完全な安全を約束することはできない。万が一、自然が人間に管理されることになれば、登山という行為は観光の延長になるのだろうか。

噴火を予知できない「活火山御嶽山」に、登山者が再び剣ヶ峰を目指し登れるようになったとき、今回の教訓は生かされているのだろうか。

噴火の恐怖を伝えられているのだろうか。

登山者の自然に踏み込む「意識」は変わっているのだろうか。

自然は楽しいばかりではなく、リスクがあることも承知しているのだろうか。

噴火は痛ましい事実として登山者の記憶に残っているのだろうか。

山は昔も今もこの先も変わらない。人間が謙虚な気持ちを持ってどう向き合うかだけだろう。

すべてがいい方向に向かっていると期待したい。

私自身、命を守ってくれた一ノ池の斜面にある岩陰の小さな岩穴を見たとき、本当の再訪になる。その場所に立ったとき、私は何を感じ、何を思い、何を見るのだろうか。

いつ叶うか分からない、その日が来るのを今は静かに待つだけだ。

御嶽山は今までと、そしてこれから先も何も変わらず、時に優しく時に厳しく登山者を迎え入れてくれるのだろう。

おわりに

九月二十八日、噴火翌日。予定通り私は燕岳の登山口、中房温泉に向かった。登山口で、お客さんの一人が「燕岳は噴火しませんよね」。

　そんな冗談を言った。

「活火山ではないから大丈夫ですよ。しかし滑落や捻挫など不注意の事故は起きるので気をつけて行きましょう」

　そして、晴天の登山口で、私は今まで言わなかったひと言を付け加えた。

「ガイドとして最善を尽くしますが、自分の命は自分でしか守れません。何が起こるか分からない自然に踏み込むことを、一人一人が意識してください」

「必ず生きて帰ってきましょう」その言葉は呑み込んだ。いくらなんでもお客さんはびっくりする。晴天の気候も景色もいい燕岳を楽しみに来たのだから。

　歩き出すと、いろいろな感情で胸が一杯になった。お客さんがいたので我慢したが、感情を抑えきれず涙が溢れた。気づかれないように涙をぬぐった。暗闇のなか、砕けた噴石が当たって右足を諦め、もう自分の足で山には登れなくてもいいと覚悟したこと。命すら終わりとすべてを受け入れたこと。だが、こうして自分の足でまた山を歩けている。

暗闇のなか、感謝の言葉は何も思いつかなかったが、今は感謝の言葉しか思いつかない。

今、生きていること、そして踏み出す一歩一歩、背中に感じるザックの重みにさえも幸せを感じた。

*

「登山者の意識が変わらなければ……」

噴火直後からそう強く感じていました。人の意識が変わることはとても難しいのはよく分かっています。私は噴火の暗闇のなかで感じた無力感を、生きて帰ってこられた後も感じ続けていました。

しかし、噴火の翌日、私の意識は確実に少し変わっていました。噴火に遭い、山から生きて帰るという当たり前に感じていたことが当たり前ではないと痛感していたからです。

人の意識は、大きくではなくとも変わることができるのです。

二年経とうとしている今、私なりに御嶽山噴火に対する思いを書きました。

時がたち、御嶽山噴火が風化されていくのは仕方がないと思います。それは、時間がもつ宿命でもあります。噴火が忘れさられる前に、噴火から私が感じた、学んだことを少しでも伝えることができ、登山者が噴火を身近に感じ、活火山を登るとき、噴火のリスクを頭の片隅にでも置いてもらえたらと思いました。そうすることが、人間が予知できない、阻止できない噴火から、被害を最小限にとどめる「減災」に繋がっていくと思えたからです。そして人間と自然との共生に繋がっていってほしいと思ったからです。現に多くの登山者が登る日本百名山のうち、活火山は三十二座もあります。

今回、本を書く話をいただいたとき、断わるつもりでした。危険予知、回避です。本を書くのが大変だと想像できたからです。それに直接話ができる講演と、ガイドで地道に伝えていきたいとも考えていたからです。そんななか、何人かの生存者の手記を読み、伝えたいと思っている気持ちが私と同じだと感じました。本当に過酷な状況を生き抜いていました。そして、多くの生存者は自責の念で苦しんでいます。あの日の記憶を、悲しみを、苦しみを乗り越えようとしています。伝える機会をいただいているのに断わるのは私自身に筋が通らないと、回避するべきではないと思い直しました。そもそも最初から断わるという選択は、私にはなかったのです。

私が他の生存者の思いも込めて書くことで噴火が伝えられたらと思いました。やはりあの場所にいた人にしか噴火の恐怖を伝えることはできません。推測と想像、恐怖は、それ以上なのです。

文字は、言葉は、人に勇気を与えることもできるのと同時に、心がない言葉は人を傷つけもします。言葉を慎重に選び過ぎれば伝わりません。かといって思ったことをそのまま書くのは難しいです。なぜなら多くの尊い命が失われているからです。

私が本を書くことがいいのか分かりません。本を書くことで悲しい思いをする方がいるのも承知しています。ですが、何も伝えようとせず、ただ御嶽山噴火の悲しい事実が風化していくのを感じているだけでは、悲し過ぎます。

今回、本を書くなかで、私自身が噴火と向き合いました。分かったのは、あの日の記憶に、私は今も支配されたままだということでした。私自身が、あの日の記憶を、噴火がもたらしたいろいろな感情、状況を乗り越えようとしているのです。

噴火から学ぶべきことは未知数だと思います。この先もっと広い視野で御嶽山噴火と私自身が向き合えればと思っています。

何が起きるか分からない自然、それが自然だと受け止めたなかで、最終的に自分の命を守るのは自分でしかありません。それを可能にするのは、やはり登山者自身の意識にかかっていると思います。自然は、人間がどう頑張っても逆らえない存在です。それは昔も今も、これからも変わりません。山には危険もありますが、その危険を意識しない登山者自身が何よりも危険なのではないでしょうか。御嶽山噴火が、人間が逆らうことができない絶対的な存在、自然への、向き合い方を考えるきっかけとなってくれたらと願っています。本では偉そうなことを書きましたが、噴煙を見るまで山の怖さを忘れていた私自身が、向き合うきっかけにしたいと思っています。

御嶽山噴火から学んだ教訓を伝え、受け継ぎ、生かすことができて初めて命を落とされた登山者の鎮魂になると思っています。そして噴火の悲劇を少しでも記憶に留めてもらえることが、命を落とされた登山者への、なによりのご供養になると思っています。

あの日、噴煙を見たときから、私は御嶽山を恨んだことは一度もありません。噴火は巻き戻すことのできない事実だと受け止めています。そのなかで紙一重で私は生かされました。暗闇のなか、人間にとって一番シンプルな感情である「生きたい」と強く願いました。

私があの日、あの時間、あの場所にいたことに意味があるのなら、その意味を考え感じながらこれからも山と向き合っていきたいと思っています。

2015年6月、
中央アルプス・宝剣岳から望む御嶽山。
うっすらと噴煙を上げていた

噴火は、想像を絶する恐怖として私の脳裏に強烈に焼きついていますが、私は山をキライになることができません。できることなら、噴火に遭いたくはなかったです。あんな怖い思いは二度としたくはありません。しかし、噴火に遭ったことで立ち止まり、多くのことを考えさせてもらいました。そして、学ばせてもらいました。山には危険があるのも分かっていますが、私は山に登ります。恐ろしさも含めて、それが自然だと受け止めているからです。痛い目に遭っても、私はどのみち山が好きなようです。困ったもんです。

中央アルプスから、裾野を広げ噴煙を上げる雄大な御嶽山を見ると、「噴火は、あの日、あの時間でなければいけなかったのでしょうか」。恨んではいませんが、そう問うている自分がいます。

登山者が、御嶽山を望める山に登ったとき、雄大な美しいその姿と一緒に、志半ばで命を落とされた多くの登山者がいたことを、山とは命と向き合う場所であることを、心に留めてもらえたらと思います。世間からは御嶽山噴火が忘れさられても、登山者には山で起きた悲しい現実として忘れさられることなく心に残ってほしいと願っています。美しさも恐ろしさも知って山と向き合うことができるのなら、山はより素晴しい姿を、感動を、登山者に与えてくれる場所だと思っています。

最後に執筆するにあたりご協力していただいたすべての方々に厚くお礼申し上げます。

そして、噴火災害で登山者が傷つき命を落とすのは、今回が最後であることを切に願っています。

小川さゆり

二〇一六年　初夏

文庫増補分

第五章

噴火から十年

はじめに

二〇一四年九月二十七日、十一時五十二分ごろに御嶽山が噴火してから十年が経ちます。

噴火により六十三人の登山者が尊い命を落とされ、現在も五人が家族の元に帰ることができていません。

謹んでお悔やみを申し上げるとともに、心からご冥福をお祈りいたします。

＊

二〇一六年に『御嶽山噴火　生還者の証言』を執筆してから八年が経ちました。

今回文庫本として出版されるにあたって加筆の依頼を頂きました。そこで二〇一六年以降を「第五章 噴火から十年」として振り返ってみました。

この十年の間に多くの災害や山での事故がありました。大雨や台風による水害や地震が各地で起こり、その記憶は月日が経つにつれ曖昧になっていきます。今、ネット上にさまざまな情報が溢れていることもあってか、心に留まることは残念ながら少なくなってきているのかもしれません。

私自身がそう感じています。

二〇一六年に執筆した理由は、人の記憶に残っているうちに、忘れ去られる前に、あの日に何が起きたのか、そしてそこから何を学ぶのかを伝えなければと強く感じていたからでした。多くの登山者が命を落とした事実を「悲しい」という言葉だけで終わらせたくないと強く思ったからでした。加えて、あの日を生き抜いた人たちが、どうか自責の念に押し潰されないでほしいと思ったからでした。

噴火から十年の間に御嶽山では登山道が整備され、シェルターや観測機器が設置されました。山小屋の改装や補強も進み、立ち入り規制は段階的に緩和され、二〇一八年には九月二十六日から十月八日まで、黒沢口から剣ヶ峰までのルートが一時的に登山可能となりました。翌二〇一九年には、五年ぶりに七月一日から十月十六日までシーズンを通して規制が緩和され、着実に復興に向け動き出しました。登山者が戻ってきた矢先、コロナウイルス感染症の感染拡大によって社会活動が止まります。二〇二二年二月には火山性地震や火山性微動の火山活動が高まり、噴火警戒レベルは二に引き上げられました。幸い山開きまでには警戒レベルが下がり、七月一日に無事山開きとなりました。

そして二〇二三年、噴火から九年の歳月を経て、王滝頂上から八丁ダルミを通り剣ヶ峰に登るルートも規制緩和がされました。御嶽山に登る主要ルートが噴火前のように登山可能となったのです。

火山灰に埋もれた二ノ池は噴火があったことを嫌でも思い出させますが、山頂周辺では登山道の火山灰は風雨によって流され、破損した建設物は建て替えや撤去がされ、噴火の事実を伝えるものは少なくなったように感じます。噴石もたくさん転がっていますが、登山者が気づかなければただの石です。逆にそれは御嶽山が噴火前の姿を取り戻してきている喜ぶべきことだと思っています。

しかし忘れてはいけないのは、御嶽山が活火山であるということです。それ故に、またいつか噴火するかもしれません。

登山者が御嶽山に登ったとき、火山が造り上げる圧倒的な景観を楽しむと同時に、過去の噴火から学び、山とは時として命と向き合う場所であることを感じ、考え、備えてもらえたら幸いです。

二〇一八年　規制解除

ご遺族との登山

噴火後、徐々に規制が緩和され二ノ池までは登れるようになっていた。そしてついに、被害が最も大きかった剣ヶ峰に登ることができたのは、噴火から四年後の秋だった。

二〇一八年九月二十六日正午から十月八日正午までの十三日間、黒沢口登山口からのルート登山規制が一時的に解除となった。

一般登山者に対しては二十六日正午からの規制解除だったが、木曽町の配慮により、ご遺族・報道関係者に対しては同日の十時三十分からの解除となった。御嶽頂上山荘跡地に建てられた慰霊碑の除幕式が予定されていた。

私はガイドの依頼を受け、ご遺族の佐崎さん、そのご友人とともに、前日の二十五日に石室山荘を目指した。ご遺族のガイドということで一般登山者より早い入山が許可されたのだ。

石室山荘や二の池ヒュッテまでは立ち入り規制がなかったため、規制緩和の前日から多くの報道関係者が入山していた。二十六日は予定時間より少し早く規制緩和となった。

佐崎さんは御嶽山が噴火したあの日から、息子さんが最後にいた剣ヶ峰に登れる日が来たときのためにトレーニングを積んできた。

規制緩和を待っている間、木曽駒ヶ岳にも一緒に登り御嶽山を望んだ。

四年待ってついにその日がきた。標高も高く楽な登山ではなかったが、剣ヶ峰を目指し、一歩一歩慎重にゆっくりと進んだ。

山頂へと続く登山道は、再び登山者が登れる日のために山荘の廃材等を使い歩きやすいよう丁寧に整備されていた。山岳関係者の尽力と心遣いに泣きそうになった。

剣ヶ峰に近づくにつれ灰色のとがった石の量も増え、大きさも変わってきた。それは噴火の際に飛んできた噴石だった。私自身、山頂周辺で噴石を見るのはこのときが初めてだった。量や大きさの変化は、多くの登山者が命を落とした事実を物語っていた。あの日、多くの登山者の命を守った御嶽頂上山荘があった場所には、三基のシェルターと慰霊碑があった。

山頂へと続く階段は所々が欠け、幅五センチほどの手すりはぐにゃぐにゃに曲がっていた。

生存者の「噴石が雨のように降ってきた」という証言を裏付けるものだった。天候不順で山頂の修復工事が進まなかったため、資材が積まれ、登山者が入れるのはほんのわずかな範囲だけだった。そこにご遺族と、取り巻く大勢の報道関係者で、山頂は満員電車で身動きが取れない状況のようになっていた。なかには怒鳴る人や、「狭い」と大きな声で文句を言う人もいた。

私は、「今噴火したら」と思うと気が気でなかった。もし今噴火したら、この満員電車の中から避難するのは難しい。二〇一四年を上回る死者が出ることに他の人は気づいているのかな？　そう思っていた。シェルターができたことで安心しているのかもしれないが、収容人数は先着九十人。以前は山小屋が二軒あり、今より収容人数は多かった。「今日噴火するわけはない」。あの日、誰もがそう思っていたこの場所で、四年後ここに集まった誰もがまた「今日噴火するわけはない」そう思っているのだろうか。

噴火当日、私は単独行だったが、今回はガイドで来ている。とにかく佐崎さんとご友人の安全を考えた。異常な緊張感があった。

除幕式が始まると山頂の人は少なくなった。佐崎さんは準備してきた、息子さんが大好きだった料理をザックからそっと取り出した。そして静かにお祈りを捧げた。その姿を見るのはとても、とてもつらかった。

山頂は本来、頑張って登って一番嬉しい場所なのに、佐崎さんには悲しい場所であることがとてもつらかった。その反面、ここまで無事にお連れできて本当によかったと思った。

しかし、息子さんが命を落とした場所には木材が積んであり、入ることはできなかった。

一度しか登らないと決めている佐崎さんには、山頂の広場で息子さんとの時間を過ごしてもらいたかった。規制緩和は、山頂の資材等を片付けたあとの来年でもよかったのではないかと思ったが、登山道整備やシェルター設置、当日はパトロールの人員を配置するなど、安全に登山できるよう時間をかけて準備をしてくれた関係者の尽力も痛いほど伝わってきた。

山頂から周辺の景色が見え、自分がいた場所や避難ルートも見えた。「あんな所をよく走ったな」と、あの日の自分に感心してしまった。

四年間の風雨が火山灰を洗い流したのか、登山道や山頂に灰はほぼなくなっていた。しかし、私がいた一ノ池の斜面は灰色だった。時間が止まったように、そこだけは灰色だった。

噴火前はコバルトブルーだった二ノ池は、小さく灰色になっていた。大量の火山灰が流れ込んだのだろう。一ノ池にはまだ灰が残っていたので、いずれその灰も流れ込み、二ノ池はもっと小さくなってしまうのかと思うと切ない気持ちになった。

山頂からロープウェイの駅までゆっくり下った。佐崎さんも歩き通し、無事に下山することができた。

噴火後初めて登れた剣ヶ峰は、火山灰はなかったが、砕け散った噴石、壊れた手すりや灯籠、頭を失った白川様など、多くの噴火の爪痕がそのまま生々しく残っていた。

これを見て登山者は何を思うのだろうか?

「噴火は怖い」そう思うだけでなく、その先にある、山に登る準備や心構えを考えるきっかけにしてほしいと願ってやまない。

噴火の爪痕
このときまだ生々しく残っていた

御嶽頂上山荘の跡地に設置された
箱型の避難用シェルター

二〇一八年　規制解除

登山者アンケート

規制緩和された十三日間は台風がきたりして悪天候の日が多かったものの、最終日の十月八日は天気もよく、登山者が集中して大混雑となった。ロープウェイの利用者は千九百人ほどで、中ノ湯からの登山者や山小屋に宿泊していた登山者を含めると二千人を超えていたことになる。

私は前日に小坂口から五の池小屋に泊まり、ロープウェイ利用の登山者が山頂に来る前に剣ヶ峰に登った。その後、続々と登山者が登ってきて、下山のときには石室山荘の下まで渋滞になっていた。規制緩和終了は正午だったが、規制地点を十一時までに通過することは事前に伝えられていなかったようで、職員に苦情を言う人は少なくなかった。あと少しという所まで来たのに剣ヶ峰に登れず納得できないのも分かる。せめて事前に周知していたらこんなトラブルにはならないのにと思った。規制解除初日もそうだが、御嶽山で人が大声でもめるのを見たくない。

私はシェルター前で登山者に向けて個人的に作成したアンケートを実施した。登山者が再び山頂に登れるようになったとき、登山者の危機意識はどうなっているのかとても知りたかった。噴火の教訓によって登山者の危機意識が変わるのではないかと考えたからである。

五の池小屋の宿泊者、シェルター周辺にいた登山者、ロープウェイ駅にいた登山者計六十人の声を聞くことができた。

アンケートの結果、四年ぶりの規制緩和で、多くの登山者の意識が変わったように感じた。噴火当日は火山だと知らなかった登山者は多かったが、このときは登山者の一〇〇パーセントが火山だと知っていた。それだけでも大きな変化である。

また、以前はヘルメットを被る人は見なかったが、今は多くの登山者がヘルメットを準備していた。以前はスニーカーや小さなザック姿の人が多い印象だったが、そういった人は少なく、ハイカットの登山靴に三十五リットル前後のザックの登山者が多かった。

規制解除直後だったからかもしれないが、この先も山に登る際は危機意識をもってほしいと切望する。規制緩和中に事故がなかったことにホッとした。

規制解除の後、山頂をめざす多くの登山者

御嶽山規制解除による、登山者へのアンケート結果

アンケート回答者属性

回答者は、ロープウェイの鹿ノ瀬駅、五の池小屋宿泊者、剣ヶ峰直下の登山者60名。
2018年実施

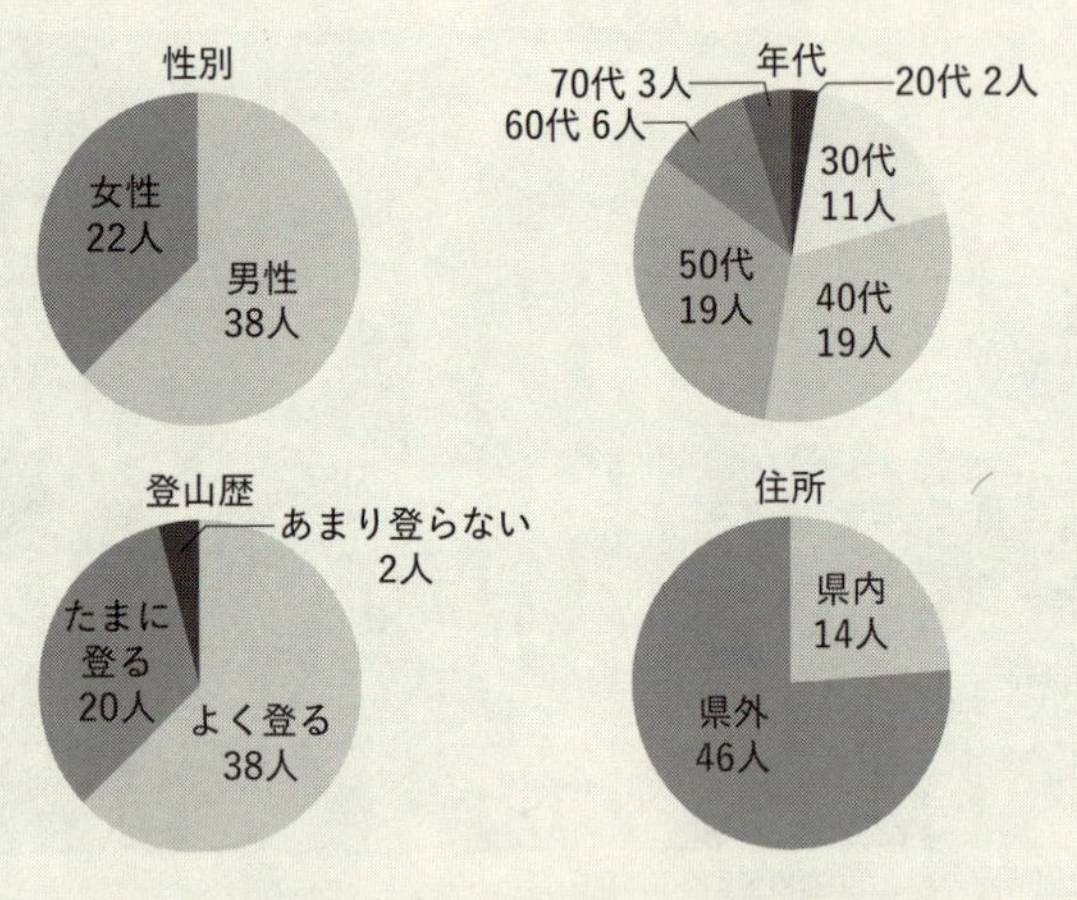

県外住所内訳	人数
愛知県	16人
東京都	4人
埼玉県	4人
神奈川県	3人
静岡県	2人
大阪府	2人
岐阜県	2人

県外住所内訳	人数
岡山県	1人
福井県	1人
千葉県	1人
福島県	1人
茨城県	1人
兵庫県	1人

Q.1　今回の登山の目的（複数回答）

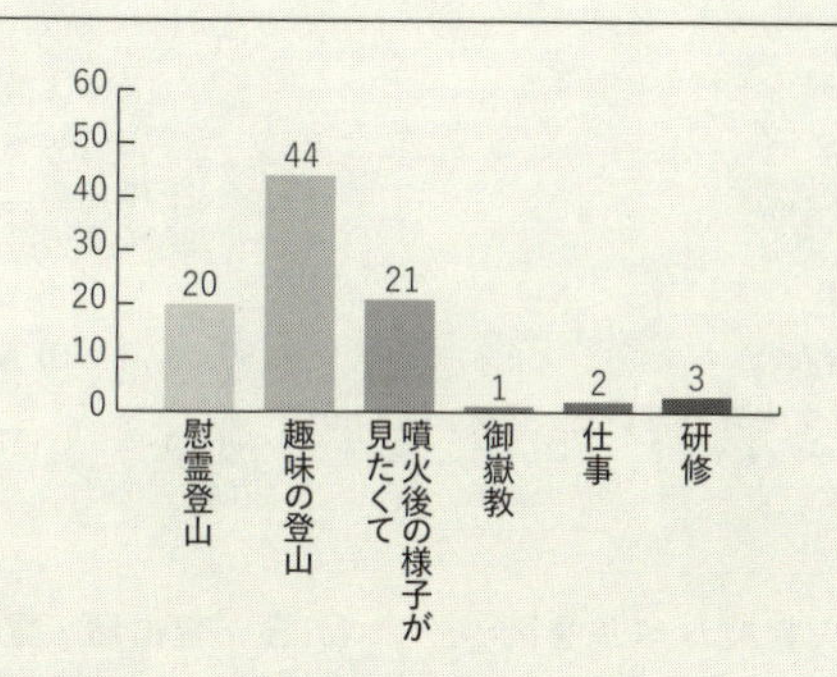

Q.2　御嶽山が火山だと知っていますか？

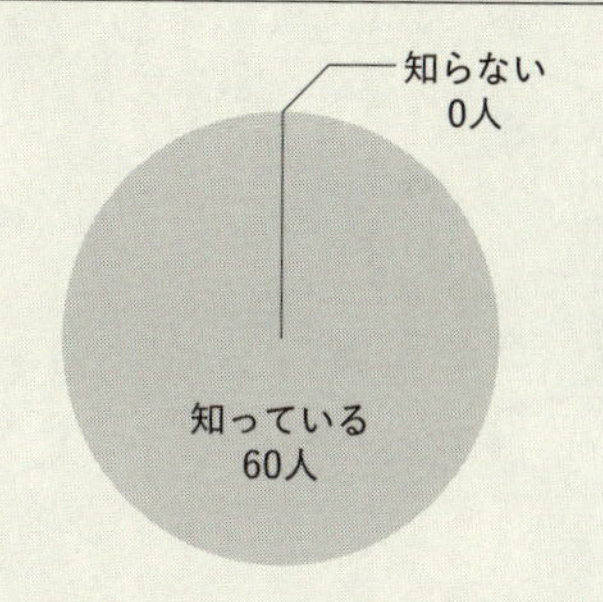

噴火の半年後、信濃毎日新聞社が生存者、遺族、行方不明家族１００名にアンケートをした。結果、14 年噴火では火山と知っていた 61 人、知らなかった 39 人だった。約 4 割が火山だと知らなかった。噴火から 4 年を経て、今回火山だと全員が知っていた。また火山だと知っていた人に、登山中、噴火に注意すべきだと思っていたか？　という問いでは、思っていたのは 18 人、残り 82 人は注意すべきだとは思っていなかったという結果だった。

Q.3　知っていると答えた方は何で火山だと知りましたか（複数回答可）

	人数
過去の噴火の報道	60 人 （1979 年の噴火 18 人、 、2014 年の噴火 22 人）
気象庁の HP	1 人
登山前の情報収集	10 人
その他（もともと知っていた。休火山ということで承知していた）	

Q.4　噴火警戒レベルを調べましたか

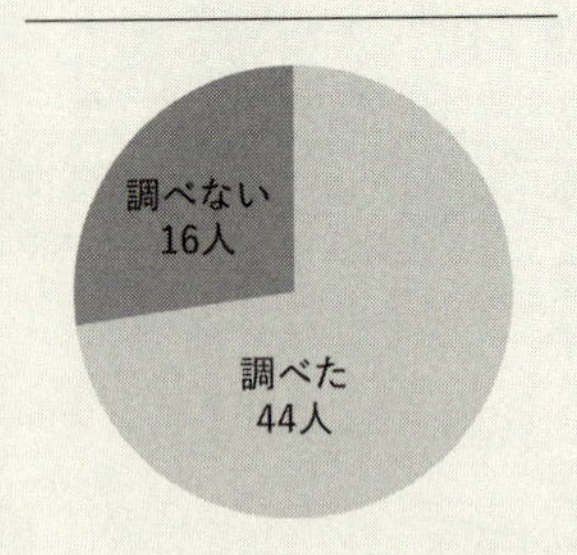

Q.5　登山届・登山計画書を提出しましたか

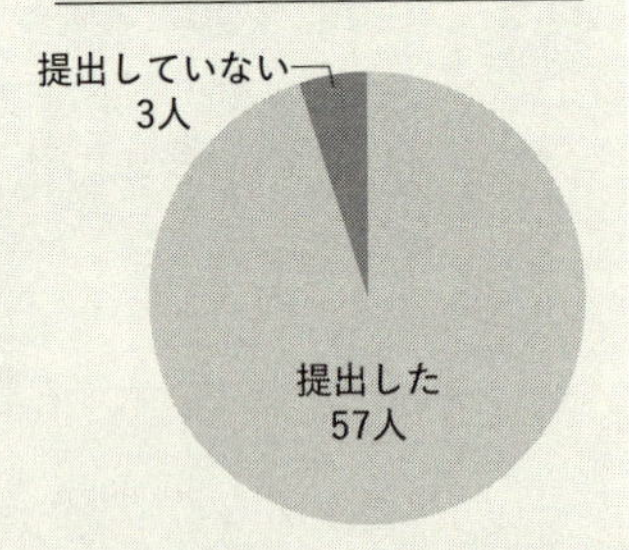

信濃毎日新聞のアンケート調査では噴火当日、登山届又は登山計画書を出していたのは 39 人、残り 61 人は出していなかった。そのためどれほどの登山者が入山しているのかわからず、捜索活動に支障が生じたといわれている。今回長野県側は登山届が未提出でも罰則はないなか、ほとんどの登山者が提出していた。

Q.6　登山届・登山計画書を出した方はどのような方法で提出しましたか

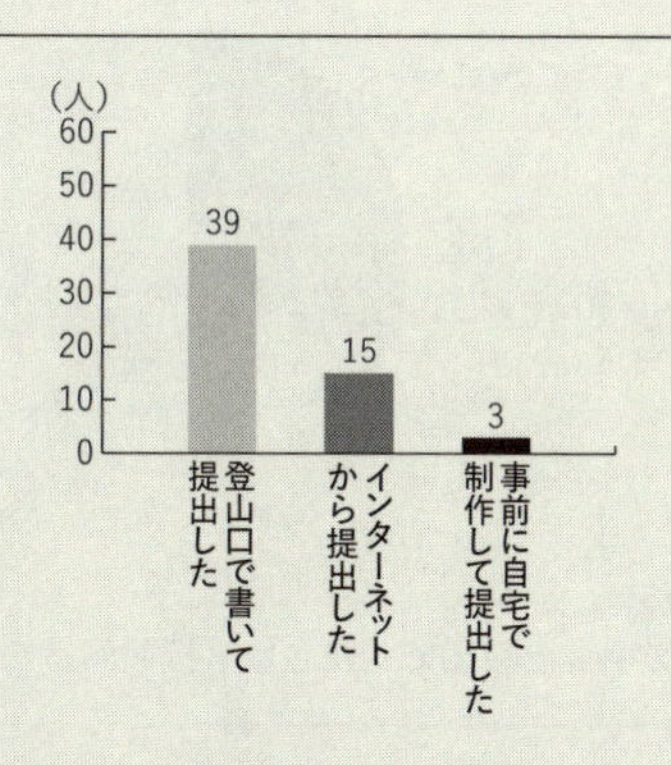

Q.7　山岳保険に加入していますか

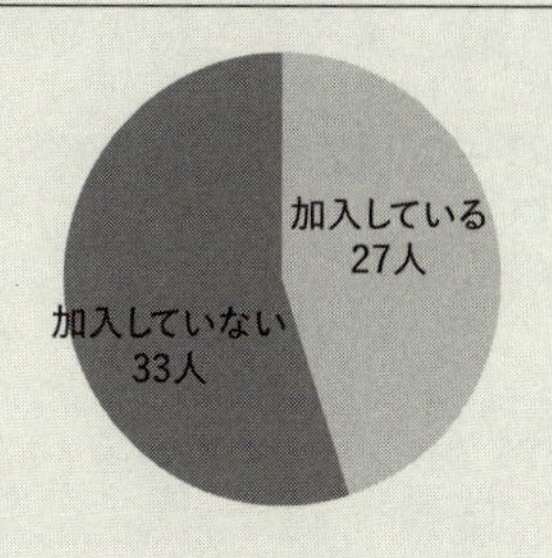

Q.8　ヘルメットは持参しましたか

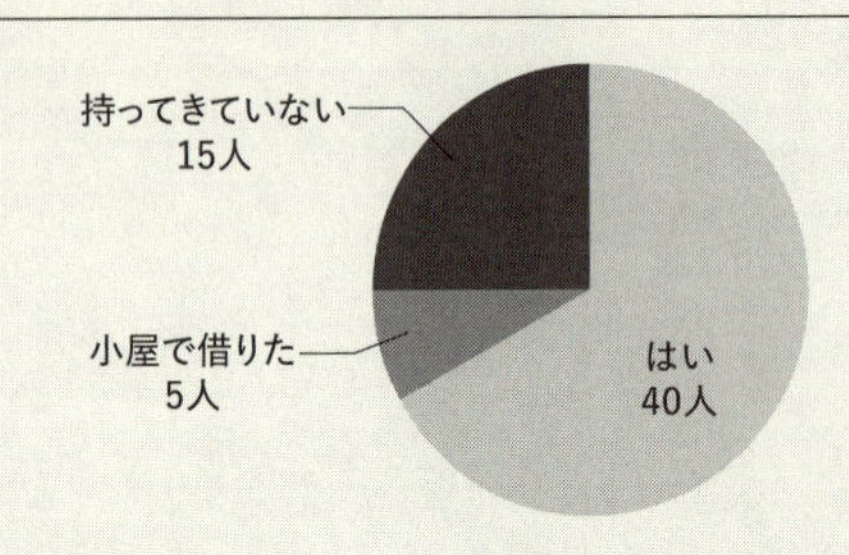

Q.9　ザックの中身を教えてください（複数回答）

	人数
携帯電話	60 人
水	60 人
行動食	60 人
雨具（上下セパレートの物）	58 人
防寒着（ダウンジャケット、フリースなど）	58 人
タオル、手ぬぐい	58 人
手袋	49 人
ライト	41 人
地図	32 人
サングラス	32 人
ツエルト、レスキューシート	12 人
保温性のある水筒	12 人

Q.10 万が一、噴火したとします。あなたはどのような行動をしますか（したいですか）

	人数
噴石を凌げる場所に避難する	9人
小屋に避難する	9人
シェルターに避難する	8人
直ちに下山	6人
身をかがめ頭を守る	5人
安全な場所に避難する	4人
岩陰に避難する	3人
無回答	3人

その他コメント

- 何もできない。噴火予知の発展を願いたい。
- 事前に噴石を凌げる場所を頭に入れておき、一番近くに避難する。
- 仲間と共にその場所から離れる。
- 視界があるうちに噴石が凌げる場所に移動し、ヘルメットを被りできるだけ下山。
- 安全な場所で助けを待つ。
- すぐに行動に移る。声を出して周りに危険を知らせる。
- ザック等で頭を守り、身を守れるところに移動する。
- 周りの状況を確認して、命を守る行動を起こす。
- 近くに身を守れる所があればそこに身を寄せ、機を見てできるだけ噴火口から遠ざかる。
- タオル、マスク等で鼻や口を覆い安全な場所に避難する。
- 視界が良くなるまでザックで頭を守り、その後下山か小屋にいきたいが、外傷で死ぬかも。
- 谷間を避けて移動する。
- 走って逃げる。

二〇一九年　規制解除

噴火から五年。二〇一九年七月一日～十月十六日の正午までシーズンを通して、剣ヶ峰までの黒沢口ルートが規制緩和された。

山開きの七月一日、旧二ノ池本館が避難施設を兼ねた二ノ池山荘として営業を開始した。山荘のこけら落としに際しては旅行会社の企画で山荘が貸し切られ、多くの登山者が集まった。

風が強く身体が冷える登山となったが、山荘に入るとそこは木の香りがして暖かく、スタッフの皆さんが笑顔で迎えてくれた。

支配人の小寺さんは噴火当日も山荘にいて、冷静に多くの登山者の手助けをした方だ。噴火前と変わらず山荘にいてくれることがとても心強かった。登山者だけでなく山小屋関係者も安全対策をすすめ、規制緩和を待っていた。

私は夕食後に一時間、皆さんに話をする時間をもらった。五年ぶりに山開きを迎えることができた御嶽山で、「新築の山荘の夜を楽しんでもらおう」とはどうしても思えなかった。他のガイドなら楽しい夜にできたかもしれない。しかし私はガイドである前に生還者だった。あの日を生き抜いたサバイバーだった。前日に機材を背負い上げ、スクリーンを使い、災害が起きた現地で噴火のリアルな話をしようと決めていた。話をする前に全員で黙祷をした。

集めた噴火の写真と、噴石が飛んでくる動画も見てもらった。なかには新築の山荘に初めて泊まり、翌日の山開きで剣ヶ峰に一番乗りするのを密かに楽しみにしていた人もいたかもしれない。和やかだった雰囲気は静まり返り、張り詰めた感じに包まれた。噴火の話をした後は、登山前にできる準備や装備についてなど、安全に登山をするための話をした。翌日の登山では話をしながらのガイドや剣ヶ峰に長居することは考えていなかったので、登山道にある石と噴石の見分け方や、曲がった手すりや、鐘、灯籠など、噴火災害を伝えるものがどこにあるのか、また、丁寧に整備された登山道など本来なら現地で話すこともスライドを使って伝えた。参加者は、まさかここまでリアルな話をされるとは思っていなかっただろう。

本当は五年ぶりに登れる御嶽山をただ楽しんでもらえればいいのだけれど、多くの登山者が命を落とした山頂部で、山は楽しいだけではないという現実を感じてほしかった。火山独特の景観を見て、目から入る情報や、硫黄のにおいに気づくなど火山である御嶽山を五感で感じてほしかった。そして、「自分ならどうしたのか?」。噴煙を見て逃げたのか、それとも立ち尽くしてしまうのか。剣ヶ峰で考えてほしかった。登山者を守るためにシェルター設置などハード面は整い規制緩和となったが、登山者の危機意識がなければハード面を使いこなすことはできない。シェルターがあっても命を守る行動を起こすのは、あの日と同じ登山者自身でしかないのだ。

話が終わると、それぞれが新しいふわふわの布団に入り消灯となった。

翌日十時ごろには規制緩和となり、ガイドも大勢いたので、準備ができた班から小屋のスタッフの方々に見送られ出発した。

私の班は剣ヶ峰から四〇〇メートルほど離れた黒沢十字路の規制ゲートの前でいったん止まり、ヘルメットをしっかり被れているか確認した。そして注意事項を伝えた。「ここから先、万が一のことが起きたら自分の命は自分で守ってください。シェルターの近くでしたらすぐにシェルターに逃げ込み、岩があれば岩陰に隠れてください。最終的には石室山荘に集合しましょう」と。ガイド登山でこんなことを言っていいのか分からないが、危機管理を放棄したわけではない。だが、「ガイドの指示に従ってください」とは言えない。突発的な危険に直面したとき、誰かの指示を待っていたら遅い場合もある。皆さん自身が、命を守るために臨機応変に対応してほしいと伝えた。

参加者はそれぞれの想いをもって登ったようだった。慰霊の方が圧倒的に多かった。ツアー登山の参加者ではないが、百名山達成のプラカードを持って喜んでいる登山者もいた。五年間待ったからか、本当に嬉しそうだった。鎮魂の祈りを捧げる独特の雰囲気の剣ヶ峰で、その光景には「登山をする理由は十人十色。自由だ」という説得力があった。

参加した登山者からは、「山荘でリアルな話を聞けてよかったけど、いろいろ考えていたら眠れなくなった」「怖くなって寝られなかった」とか、「装備を考え直そう」「家に帰ることは当たり前だと思っていたが、そうでないと思った」など、いろいろな意見が聞けた。圧倒的に「眠れなかった」という意見が多かった。御嶽山噴火は記憶にあるが詳細を知っていた登山者は少なく、現場で聞くリアルな話は怖かったと思う。一緒に考えてほしかったので、質問を投げかけ考えてもらった。なかには寝ている人もいたが、考えることで頭が冴えてしまった方が多かったと思う。私にとっては、二ノ池山荘の再スタートに立ち会え思い出深い夜となったが、安全登山を目指すガイドとして、登山者を寝不足にさせてしまったことを申し訳なく思った。何はともあれ、シーズンを通して御嶽山が剣ヶ峰まで登れるようになった。ここからは登山者の意識が問われるだろう。

この山で二度と登山者が傷つき命を落とす日が来ないことを切望する。

講演会

十年間でいろいろな場所で講演に招かれた。危機意識の共有や報告を兼ねて、警察や消防、学校や自治体など。一番多かったのが山岳関係の団体だ。登山をしない人にはなかなか共感しにくい内容だったかもしれない。その一方、山岳関係者は山での事例に強く興味を持ってくれるし、御嶽山に登ったことがある人は共感もひとしおだったように感じた。写真の説明や質疑応答以外では、原稿を読むようにしているのだが、何度やってもすらすら話せずうまくできない。感情を込めない淡々とした話し方はリアルさを増すのかもしれない。そう思ってもらえると幸いだが。正確に言えば感情は押し殺している。淡々としたその話し方に、これ以上ないほどの感情を込めている。その感情の正体は「悔しさ」だろう。

私が感情を込めて演じるように話してしまうと、聞き手は「自分ならどうしただろう?」と考えることができないのではないだろうか。状況が想像できないのではないだろうか。「この人大変だったんだね」で終わるような気がする。原稿を読むのは、もれなく伝えるためである。何度やっても緊張する。フリーでしゃべると、話にまとまりがなくなりそうだ。聞く人に合わせて、重きを置くところや説明を変えている。

　噴火の記憶が消えることはないが、講演の前はその記憶を鮮明に呼び覚ますようにしている。なぜなら、あの場所にいた人にしかリアルは伝えられない。私が学んだ教訓は、生死を分けたのは「運」だけではないということだ。それは痛みを伴う発言である。あのとき、噴石に当たるかどうか、生死は紙一重だった。それは私自身が一番分かっている。あのとき自分が死んでいたら「あの状況でどうすれば生き残れたのか教えてほしい」「何ができ、何をすべきだったか教えてほしい」そしてそれを登山者に伝えてほしいと思ったはずである。命を落とした登山者はそれを望んでいないかもしれない。だが「この先、登山者に噴火で命を落としてもらいたくない」とは必ず思ってくれているのではないか。だから最大限の敬意と感情をもって講演に臨んでいる。ほとんどの生還者はあの日の記憶を記憶を消し去りたいのだろうが、私はこの先も噴火の記憶と付き合っていこうと思っている。

＊

　いろいろな所で話をさせてもらったが、とても印象に残った場所がある。それは、雲仙普賢岳のある島原市の市民講座での講演である。以前、災害の語り部が集うフォーラムがあり、雲仙岳災害記念館（通称がまだすドーム）の調査研究室長である火山研究者の長井大輔さんにお会いした。このご縁で依頼を受けたのである。

御嶽山噴火後、テレビで一九九〇年代の雲仙普賢岳の噴火に言及されるのを見て、初めてその災害を知った。災害当時はテレビを見ない生活を送っていたとはいえ、恥ずかしいことである。その後、九州の山に登りに行くこともなく、岩稜が好きで火山には特に興味もなかったので知る機会がなかった。講演前、本を買って雲仙普賢岳について調べた。同じ噴火災害ではあるが、山に登らなければ巻き込まれることのなかった御嶽山に対し、雲仙普賢岳の過去の噴火は、平地で暮らす人々が火山津波や火砕流、そして火山泥流に巻き込まれる恐ろしい噴火だった。高温火砕流がとてつもないスピードで山を駆け下り多くの人の命や生活を奪ったことを知った。私は正直、噴火に遭ったときにいろいろ知らなくてよかったと思った。火砕流の怖さを知っていたら岩陰で絶望したと思う。きっと生き残ることは想像できなかっただろう。

余談だが、真っ暗闇のなかで火山灰に埋もれたが、それは火砕流の中にいたということらしい。火山学者から「火砕流に呑み込まれて生還した人に会えて感動しています」と言われたことがある。御嶽山は幸い一〇〇度Cほどの低温火砕流だったのが幸いしたようだ。

私は講演で、雲仙普賢岳の噴火について知らなかったことも話した。同じ噴火災害ではあるが御嶽山の方は山の上で起きた水蒸気爆発であり、火山噴火の一例として、また、そこから学んだ教訓についても話した。他には、御嶽山がどんな山なのか、歴史や地域の方との繋がりなども紹介した。山岳宗教との関わりについては、興味をもって聞いてもらえたようだ。

皆さん噴火は身近に感じているが、噴石が飛び交うなかにいたことはないだろうから、真剣に聞いてくれているのが伝わってきた。参加者は語り部さんが多かった。講演後に話をする時間があり、「最初、雲仙普賢岳の噴火を知らないというので、はあ？　となったけど、語り部として伝えることの大事さを再確認できた」という感想をいただいた。今は御嶽山噴火を伝える「御嶽山火山マイスター」の制度があるが、このときはまだなかった。語り部さんたちの活動や、どのように伝えているのかをお聞きすることができ、とても有意義な時間になった。

私は登山者の立場で話していて、その内容も登山者に向けてである。そのため住人の方には共感できない部分がどうしても出てきてしまう。講演後、一人が近づいてきてこのようなことを言った。

「あなたは危機意識と言うけれど、意識があってもそうするしかなかった……。でも伝え続けてください」と。

このとき、引っかかることがあった。一九九一年六月三日、雲仙普賢岳では大規模な火砕流で多数の犠牲者が出た。地元の消防団員が多かった。話しかけてくれた方の年齢から、このとき家族が巻き込まれたのではないかと想像できた。

その方の言葉は今も心に刺さっている。

聞く方がどう受け取るかは分からないが、この先も依頼があれば話していきたい。「高温火砕流など知らなくてよかった」と書いたことと矛盾するが、知識と準備は身を守ることに必ず繋がる。一人でも多くの方に、そして多くの登山者に聞いてもらえたらと思っている。

社会の変化

御嶽山の噴火後、教訓を生かし、ハード面の安全対策が整ったとして剣ヶ峰は登山者を再び迎え入れた。

ハード面の充実は、なんとなく守られている安心感があり、山が安全になったと錯覚してしまう。

ここで言わせてもらいたい。

「安心＝安全」ではない。

ハード面の多くが整備される一方、情報伝達のしくみも改善された。噴火の翌年である二〇一五年八月、気象庁は「噴火速報」の運用を開始した。テレビやラジオの他、スマートフォンなどでも即座に情報を受け取ることができるようになった。同年十一月には携帯電話事業者が、火山噴火だけでなく、地震や津波、大雨など災害が起こる恐れが大きい場合などに「緊急速報メール」を無料で提供するサービスも開始した。

そんな安心感漂うなか、二〇一八年一月二十三日、群馬県の草津白根山にある本白根山が噴火した。

そのとき「噴火速報」は出なかった。

噴火口周辺にはスキー場があり、飛来した噴石はスキー客やロープウェイのゴンドラを直撃した。この噴火で一人が死亡し、スキー客など複数人が負傷した。

「噴火で登山者が傷つき命を落とすのは御嶽山が最後であってほしい」。そう切に願っていたが、それは叶わなかった。

草津白根山とは、白根山・逢ノ峰・本白根山の総称であり、ここもまた日本百名山の一座である。観測や災害対策の対象は過去に噴火した白根山周辺であり、今回噴火した本白根山は対象ではなかった。御嶽山で例えれば、観測、災害対策は剣ヶ峰周辺が主な状況で、四ノ池が突然噴火した感じなのだろうか。

このニュースをテレビの速報で見た。定点カメラや、ゲレンデのスキー客が撮った映像は衝撃的だった。スキー客のすぐ横で、真っ白な雪の上に噴石がいくつも飛んできていた。それと同時に、動画なんて撮らなくていいから「早く逃げて」と思った。御嶽山噴火の教訓は共有されていないと言ってよかった。

本白根山の噴火は、活火山ではどこが噴火してもおかしくないことを思い知らされた。ハード面が充実しても安全を手に入れたわけではないということだった。突発的な危険に対応するのは本当に難しいと改めて痛感した。

観測体制を一部分強化されても安全にはならない。かといって山全体を監視することも現実的でない。そして情報を一〇〇パーセント信用して頼り切ることもできない。御嶽山噴火当日、噴火の十一分前から火山性地震が増加し、七分前には山体膨張も確認されていたという。しかしその情報が登山者に伝わることはなかった。あのとき伝えられたとしても、誰も噴火するとは思っていないなかで、その情報はどこまで浸透しただろうか?

それを聞いて避難行動は劇的に変わっただろうか? 受け取る登山者次第であろう。私の場合、噴火の十一分前には剣ヶ峰にいた。そのとき噴火の情報を聞いていれば、お鉢に向かって歩き出してはいなかっただろう。剣ヶ峰にいる多くの登山者に向けて避難を促すことはできただろうか? 活火山に登っていながら噴火を想定していなかった私には、登山者を納得させ避難させることはきっとできなかっただろう。

噴火する現場で情報をもらっても、対応は難しい。可能性を教えてくれるだけで、噴火の日時までは予測できないし、だから知らせてもくれない。知りたい情報はその「いつ」である。山頂のシェルターの横にいた場合、二〇一四年の噴火のように切迫していればすぐさま入るが、入ってもいっこうに噴火しないのならできるだけ遠くに逃げたい。このタイミングが分からなければ情報をもらっても現場は混乱するだけだろう。携帯の画面を見るよりも、もらった情報を最大限生かしながら五感で危険を感じ取り行動できなければ、命は守れない。便利な物を使いこなし、安全に近づけていけたら、この情報に価値はあるだろう。

だがどう頑張っても、自然相手に「絶対安全」という答えは永遠にない。忘れてはいけない。

「安心＝安全」ではない。これは肝に銘じなければいけない。

＊

風化を防ぐためにはどうしたらいいのか？

災害の伝承にはこの「風化」は避けては通れない大きな課題である。

十年経って思うことは、記憶が鮮明なのは当事者だけということだ。

二〇一四年九月二十七日十一時五十二分ごろ……。そこまで言えるのは当事者だけではないだろうか。

それは当然だろう。災害、戦争、事故、事件などの苦しい出来事をすべて覚えていたら、悲しみに押し潰され、人は前に進めない。

「生きていくために忘れる」。風化することは生きていくには当たり前の時間の経過だと思う。

だが、忘れてはいけない教訓がある。

「いつ、どこで……」。記憶が曖昧になっていくのは仕方ないが、命の守り方を忘れてはいけない。そこまでも曖昧になってしまえば、悲劇は繰り返されるだろう。

噴火当初は多くの人に知ってほしいという思いが強かった。今は、山に登る人には忘れてほしくないと思っている。

自分にとって共感することが多い身近な出来事はきっと忘れないと思う。

私は当事者ではないが、忘れることのない事故がある。それは二〇〇九年七月に起きた、八人が命を落としたトムラウシ山遭難事故である。死因は低体温症。ガイドも命を落としている。事故から十五年が経つが、今でも天候が崩れる予報が出たときや、緊張感が薄れてはいないか？と感じるときに本を読み返す。日常のなかにいれば無謀な登山だと非難しがちだが、複数の条件や感情が入り混じったとき、はたして現場で的確な判断ができるだろうか？　そう問い直す。本を読み返し、事前に考えることで、自分自身に今一度準備ができる。

トムラウシ山では、過去に同じ時期に同様の低体温症の事故が起きていた。その教訓は共有できていなかったのか、知ってはいたが生かせなかったのかは分からないが、悲劇は繰り返されてはいけない。

登山者のなかでの風化はどうだろうか？

それは登山者自身がどこまで御嶽山噴火を身近に感じることができるかで大きく変わるのではないだろうか。「あの日、御嶽山に登っていなくてよかった」ただそう思うだけなのか、「自分だったらどうしただろう」と考えるのか。自分自身で考えた登山者には風化はないだろう。

十年経とうが、御嶽山噴火から得た教訓は登山をする者にとっては貴重である。山は楽しいだけではないと思い知らされるだろう。

自分自身の変化

私自身に変化はあったのか？

それは大いにあった。ただ好きで山を登っていただけで、登山界に名を刻むようなことはしていない。何者でもない、ただの登山者が噴火に遭ったことで、発言する言葉が思っていた以上に注目されたことに戸惑った。

噴火に遭った経験は、ガイドとして、登山者としては役立った。実体験からの話は説得力があり、リスク管理を伝えるにはとても効果的だと感じる。また、火山には特に興味はなかったが、阿蘇や霧島、三宅島などで話す機会をいただいたことで、各地の噴火を調べ、火山噴火についておおまかではあるが理解が進んだ。また火山とともに生きる方々とご一緒できたのはとてもいい出会いだった。私の勝手な印象だが、どうにもならない自然とともに生きている方々は、初めて会った感じのしない、芯が強いおもしろい人が多いように感じた。

また、噴火前は御嶽山に登る機会はあまりなかったが、噴火後は登る機会が増えた。いつでも穏やかに迎え入れてくれる山小屋の方々の笑顔が、御嶽山を登る理由のひとつになった。

噴火直後から始まった「伝える」活動は、今年で十年になる。いろいろな感情が交錯するが、続けてこられたのは、噴火を伝えることは、必ず未来の命を守る教訓になると確信しているからである。

私自身が、過去の山岳遭難を記した本や事故報告書を「自分ならどうしただろうか？」と考えながら、想像しながら読むことで、自分の命を守る術を学んできた。

噴火の最中、生きて帰れたら報告書を書こうと決めていた。避難小屋に着いたとき、何があったのか忘れないようにメモ帳に書き込んでいた。私が噴火に遭わなくても、遭った人がいれば、何が起きて、どうやって生き延びたのか知りたいし、教えてほしいと思うからである。

「どうやって伝えていけばいいのだろうか？」。試行錯誤のなかで、災害の語り部フォーラムという集まりがあり、そこに参加させていただき、阪神淡路大震災、東日本大震災、雲仙普賢岳の語り部の方々からお話を聞いたこともある。私が感じたのは、報道と現実の違いだった。直接聞くことに、心揺さぶられる瞬間が何度もあった。そして誰もが災害の風化に苦悩していた。

それらの災害が御嶽山噴火災害と明確に異なる点は、御嶽山は山を下りることがで

八丁だるみのシェルター
後ろは剣ヶ峰

きれば、それぞれに帰る家がある。命を落とさない限り、精神的苦痛を取り除けば、変わらない日常に戻れる。一方、津波や地震災害では、生活の基盤を失い日常生活そのものが奪われてしまう。そのため、災害の後、日常を取り戻すための支援のあり方や、避難所についての意見交換が多い点だ。

同じようには伝えることはできないが、伝えることと続けることとの大事さを、多くの語り部から学ばせていただいた。

五年目くらいまでは、取材依頼はすべて受けていた。なかには私の意図から外れたものもあったが、それでも取材を受けたのは、生き残った者の使命だと腹をくくったからである。だが今は、実名・顔出しの怖さを知っている。

噴火当初は取材を受けていた人も、徐々に受けなくなった。いろいろあったのだと理解できてしまう。

登山にリスク管理が必要なように、報道に対してのリスク管理も自身でしなければならない。誰も守ってはくれない。他の災害でも危機意識が共有されればと思い、媒体を通じて「不特定多数の誰か」に発信することもあったが、想像以上のリスクを伴った。やはり私は、山に登る人に伝えたい。噴火は火山だけのリスクだが、御嶽山噴火から得た教訓は、火山に登ることだけに留まらない登山全般に通ずる教訓であるからだ。幸い登山ガイドを仕事としているので、そのなかで装備や準備の大切さと、危険から自身を守る知識や経験の大切さについて話している。山小屋に泊まるときは、時間があればザックの中身を全部出して、何がなぜ必要なのか説明したりもする。噴火の際、噴石は凌げたが装備がなく、その後、氷点下となる山で朝を迎えることができなかった登山者もいたという。逆に大ケガをしながらも、暖を取る装備で命を繋いだ登山者もいた。軽量化は必要だが、万が一のときに必要な物は必ず持ってほしいと話す。

「自分の命は自分で守る」。そのために何が必要か。そこを追求すれば装備は絞れてくるだろう。山は楽しいだけではないと、リスクもあることを知って備えてくれればいいなと思っている。自立した登山者になってほしいと願う。

案内した山で御嶽山が望めたら、黙祷をして噴火の話をすることもある。そして最後はこう言う。

「御嶽山は独立峰で見つけやすいので、御嶽山が望めたときは、裾野を広げ、雄大な美しい姿と一緒に志半ばで多くの登山者が命を落としたことと、自然は美しいばかりでなく、時として命と向き合う場所であることを思い出してほしい」と。

いつまでガイドができるか分からないが、ガイドができるうちは山で伝えていきたいと思っている。それが一番伝わるように感じる。山で私からの話を聞いた登山者は、御嶽山を望んだときは思い出してくれていると思う。願わくは、一緒に登った友人にも伝えてほしい。そしてその友人も他の友人に伝えてほしい。世間では御嶽山噴火が風化しても、登山者の心に残っていれば、届いていればいいなと思っている。

伝え方は変えつつあるが、伝えたいことは何も変わっていない。噴火直後、山を下りながら感じたことは今も同じだ。

「自然に一〇〇パーセントの安全はない。登山者が安全に近づく努力をするだけである」

現在は御嶽山噴火を伝える「御嶽山火山マイスター」の方々が活動している。大いに頑張ってもらえたらと陰ながら応援している。

*

毎年数回は御嶽山を案内する。登る前は気象庁の火山情報に目を通す。

昨年、規制緩和された王滝頂上から八丁ダルミを通り、剣ヶ峰まで歩いた。噴火当日以来である。シェルターが八丁ダルミと中間に新しく設置されていた。噴石がたくさん転がっていた。火山灰はなかった。硫黄のにおいがしていた。「ここで今噴火したら？　生き残れるのかな？」。そう考えた。剣ヶ峰周辺を歩いているときは、隠れられそうな岩を無意識に探している。幅広かった登山道はロープが張られ狭くなっていた。「岩に隠れるためにはロープをまたがねばならない。シェルターの近くにいればいいが、離れていればどうだろうか？　岩はあるが……」。八丁ダルミで噴火に巻き込まれた登山者は、本当に過酷だったろうと再認識した。近くに隠れられる岩があったのか、噴煙を見てからその岩に素早く隠れられたのか。そして噴石を凌げた「運」が生死を分けたのだろう。

できれば、このルートは人を連れて歩きたくはない。

段階的に登山道の規制は緩和された。今も立ち入り規制があり踏み込むことができないのは、奥の院と、私がいたお鉢である。再訪はまだ叶わない。噴火から十年の節目。あの場所に再び立てたときが、私にとっての節目になるだろう。

聞くところによると、お鉢は火山灰がカチカチに固まっているようだ。剣ヶ峰から見ても私のいたところは灰色のままである。登山道を再び整備することは難しいだろう。私はいつになったら節目を迎えられるのだろうか？　節目もなく、御嶽山と関わり続けることが、あの日噴火に遭った運命のように、これもまた運命なのだろうか。

文庫版のおわりに

二〇二四年一月一日十六時十分ごろ。

一年で最もゆったりとした時間を過ごしているとき、私は富山市の自宅で突然、今まで感じたことのない大きな揺れを体験しました。能登半島地震です。その後、恐怖を煽る音で緊急地震速報が携帯電話に何度も届き、テレビも一斉に地震の速報に切り替わりました。「津波から逃げてください！」。そうアナウンサーは連呼していました。このとき、噴煙を見た瞬間のように私の中でスイッチが切り替わり、命を守る行動に移っていました。

落ちたり倒れたりしそうな物を段ボールに詰めて床に置き、常備する食料と水、緊急用品の他に、車に猫のケージと餌、マイナス三〇度C対応の一番いい寝袋も追加しました。動きやすい登山服に着替え、リビングに登山靴と車の鍵を置き、ヘルメットにヘッドランプを装着してから、おせち料理の続きを食べました。幸い沿岸部から離れているため特に被害はなく、断水や停電もありませんでした。

一月一日に「災害が起きるわけはない」と、誰もが思っていたに違いありません。

晴天の土曜日、紅葉、お昼、登山者が最も山頂に集まる時間に「噴火するわけがない」と、皆が思っていたように。

自然災害は本当に情け容赦がなく、備えても人知を超えてくる。またあのときのように非常な現実を突きつけられました。日常は当たり前ではないと痛感しました。

被災された方々に、心よりお見舞いを申し上げるとともに、一日でも早く日常を取り戻せることを願っております。

＊

今年は一月中頃から、雪の少ない関東近郊の低山で、夏のアルプス登山に向けての登山ガイドが始まりました。連日、地震のニュースを見て、「今、山に登ってもいいのだろうか？」という気持ちで参加している方が多かったです。

私は挨拶で、登る山の説明と注意事項等を話した後、続けて、私と家族に地震の被害はありませんでしたが、北陸に住む者としてのメッセージを伝えました。「地震のニュースを見て登山してもいいのか？と思っていることでしょうが、私はいいと思います。富山に住んでいても、まだボランティアの受け入れは整ってはおらず、現地でも一般人ができることは限られます。まずはご自身が心身ともに健康でいること。そしてできることがあるとすれば、義援金の寄付と、復興したときには現地に足を運んで応援してほしいということです。目標をもって登山をすることは心身の健康に繫がるので頑張って行きましょう」。そう伝えました。氷見から海越しに見る立山連峰の景色を見に来てほしいとも伝えました。あの景色は本当に素晴らしく、神が宿っていると私は思っています。

続いて、「かわいそう」という言葉で終わりにしないでください。皆さんは地震に備えていますか？　食料・水の備蓄はできていますか？　今一度、災害に備えてほしいと伝えました。それは災害を生き抜いたサバイバーとしてのメッセージでした。

災害の教訓を生かすことは、未来の命を守ることに必ず繫がるからです。

実際、能登半島地震のニュースで、東日本大震災の津波の教訓を生かし、全員が津波被害に備え素早く行動に移って助かった地域があったことを知りました。そのニュースはつらい現実のなかで、希望の光となりました。地域の方が、「自分たちの地域では何ができるだろう？」と考えた取り組みや、危機意識の共有や地震直後の行動は、教訓が未来の命を救うことを証明しました。私の中で込み上げてくる感情がありました。「教訓を伝えることで、未来の誰かの命を守れるんだ」という実感が湧きました。

御嶽山噴火は、山の上の出来事として、一般の人の目に留まることは難しく、歳月により風化のスピードは加速しています。ですが、噴火の教訓が未来の登山者の命を救うべく、また、時には厳しい自然との共生、共存を考える事例として多くの登山者の心に届いてほしいと改めて切に願っております。

最後に、時が経ち風化していく御嶽山噴火災害を、加筆し文庫本で再度世に出してもらえたこと心から感謝いたします。

その機会と編集をしていただいた山と溪谷社の佐々木惣さんにお礼申し上げます。

そしてこの先、御嶽山が再び噴火することなく、平穏な時が続くことを心から願っております。

小川さゆり

二〇二四年　初夏

文庫解説

火山列島に住むわれわれに必要なもの

及川輝樹

火山はめったに噴火しないため、普段は美しく雄大な風景を楽しめる著名な観光地や多くの登山者を迎える場となっている。しかし、ひとたび噴火すると甚大な被害が生じる。火山列島である日本に住むわれわれは、美しくも恐ろしい火山を避けて生活することはかなわない。火山の恵みを受けながら共生していくしかない。

登山とは、日常のリスクがコントロールされた生活圏から離れて、それがコントロールできない大自然のなか、危険があるところまで出かけ、そこで自分の力でその危険を防ぐ行為だといえる。日本では山に登るということは、危ない火山に近づくということである。登山対象となっている活火山はたくさんあり、その魅力ゆえ、古くから名山とたたえられる火山も多い。日本で山登りをする限り、そのリスクに火山噴火が含まれることは当然だ。他のリスクに比べて被害にあう頻度は低くても忘れてはならない。

この本は、そのような登山におけるリスク管理のプロである山岳ガイドが、想定外の火山噴火に遭遇し、それまでの経験を基に、自分の力でその危機を脱し、生還した体験記である。さらに、その体験を基にあらためてリスクを少なくする方法を真剣に考え記している。遭難からの生還記は数多いが、火山噴火による遭難記というものはほとんどないであろう。かつ一般の人でない山岳ガイドによるものは、まずないと思われる。われわれはさまざまな不確実性の中で生きており、リスクやダメージをコントロールする必要に迫られるのは、どこで生きていても変わりがない。皆、見通しがきかないなか、不完全で限られた情報で将来を予想しながら生きている。そのため、噴火に巻き込まれるという非日常性に置かれた体験記であるが、書かれていることは日常生活にも役立つ率直な金言に満ちている。類書はない。

この本に取り上げられた二〇一四年の御嶽山の噴火では、たくさんの登山者が犠牲となったため、その後に噴火のリスクを減らすさまざまな施策が行なわれている。特に社会の大きな動きとしては、活動火山対策特別措置法（活火山法）の改正があげられる。この改正は噴火直後の二〇一五年と二〇二三年に行なわれ、最近の改正で火山研究の指令塔となる「火山本部（火山調査研究推進本部）」が設置されたのは記憶に新しいことだろう。

登山者にとっては、二〇一五年の法律改正が大きく影響する。それまでは火山防災の対象は「住民等」とされていたのだが、この改正で「住民、登山者その他の者」に変更されたのだ。それまでは登山者は火山防災の対象としてあまり重視されていなかった。この法律の改正によって、自治体は登山者などの避難のため、災害情報に関する速やかな情報発信を行ない、入山している登山者数を把握する必要が生じた。そのため、携帯電話による災害情報に関するメール配信登録サービスの導入、火口周辺の施設と連携した情報の把握と発信、火山への入山者把握のために登山届の義務化、登山者等の避難経路の確保などが行なわれるようになったのだ。また、登山者側にも努力義務のルールが課されるようになり、火山に登るのであれば、それをきちんと認識し、自ら情報を集め備をしなくてはならないと定められた。具体的には、火山に登るには、事前に異常が起きていないか火山情報を集め、登山届を提出したりヘルメットなど必要なものを装備したりして登山すべきということだ。

日本は基本的人権が保障されている国家で、行動の自由が保障されている。そのため、登山が危険な行為であっても、よほどのことがない限り自己の意思で自由に登山ができ、登山者はその自由を楽しんでいる。自己の意思で自由に行動することは、まさに自己責任であるわけで、登山という行為は、その自己責任そのものである。

火山噴火予知はまだまだ未完成であるため、噴火を正確に予知することは難しい。しかしいつもと違う状況、異常が起きていることは、わかるようになってきた。特に、二〇一四年の御嶽山の噴火以降は、多くの火山で火口近くに観測機器が設置され、以前に比べ異常は検知されやすくなった。しかし、立ち入り規制を行なうほどの切迫した異常が起きているかどうかは、特に最近噴火を経験していない火山では、なかなかわからない。火山の歴史に比べてわれわれの火山観測の歴史が著しく短く、圧倒的に経験が足りないためだ。そのため御嶽山の噴火の反省から、直ちに噴火警戒レベルを上げて立ち入りの規制をするほどではないが、それを行なう一歩手前と判断される異常が起きた際に、気象庁は「臨時」がついた「火山の状況に関する解説情報」を出すようになった。この「臨時」がついた情報が出たとき、地元の自治体の判断で立ち入り規制をかけることはあるが、立ち入り規制がかけないことも多い。その場合、登山するかの判断は登山者自身にゆだねられる。もっとも、山に登るか登らないかの判断は、常に登山者側にあるのだが。「臨時」つきの情報が出た場合、必ずしも噴火がひっ迫しているわけではないのだが、噴火するかもしれない可能性は、情報が出る前より高まっている。登山するかどうかを判断する際、そのことは忘れないでほしい。自己責任といっても、多くの人は登山中に危険にさらされたくはないであろう。対象をよく知り、正しい知識を身につけ行動することで、危険は小さくなる。火山もまさにそうである。御嶽山の噴火以降、一般の人にもわかりやすい、火山の正しい知識が書かれた本（例えば、藤井敏嗣著『火山：地球の脈動と人との関わり』、萬年一剛著『富士山はいつ噴火するのか？』）が多く出版され、火山の正しい知識を得やすくなった。私もヤマケイ新書で登山者向けの火山の本（『日本の火山に登る』）を書かせていただいた。しかし、普段の生活のなかで、何を優先し、どのリスクに備えるかは人それぞれである。大地震や火山噴火のような災害は、めったに起きない。何百年に1回という大地震や噴火が起きるたびに聞かれる「今まで体験したことがない」「はじめての経験だ」という言葉は、当たり前といえば当たり前である。このように個人の体験を基に災害対策を行なうことは難しく、つい後回しになる。しかし、登山という危険な行為、わざわざ噴火する火山に登る行為は、危険に近づくことである。リスクを減らすためにも、火山を理解してほしい。また火山学者としては、火山を理解すると、火山登山そのものが楽しくなることも強調しておきたい。

一方、正しい情報を事前に仕入れて、ヘルメットなどの装備を持っていけば、それで安全になったといえるだろうか？　本書にも強調されているが、知識も道具も使いこなせなければ意味がない。昨今は、スマートフォン（スマホ）などの便利な道具があり、情報などは簡単に手に入るようになっている。登山用のスマホアプリも多数開発され、地図を読めなくても登山中に簡単に現在地がわかるようになった。しかし、それで道迷い遭難は減ったのであろうか？　スマホとアプリの普及状況をみると、遭難は減ってもよさそうだが、遭難者数はここ数年でみても増加傾向にある。つまり、便利な道具があるからといって、リスクが減るわけではない。火山噴火も同じで、シェルターやヘルメットがあれば被害を防げるわけではない。知識も道具も適切に使いこなせないとダメなわけで、それがまた難しい。

夏目漱石門下の文人で東京帝国大学の物理学の教授でもあった寺田寅彦は、浅間山の噴火を軽井沢で体験したことを「小爆発二件」という随筆にまとめている。その中で「ものをこわがらな過ぎたり、こわがり過ぎたりするのはやさしいが、正当にこわがることはなかなかむつかしい」という感想を述べている。正当にこわがることは難しいが、正しい知識を持つことがリスクを回避するに役立つのは間違いない。登山に限らず、不確かで不完全な世の中で生きていくためには、正しい知識を持ち、それを使いこなすことが重要であろう。

（おいかわ・てるき　火山学者）

小川さゆり　Ogawa Sayuri

オガワ・サユリ／1971年、中央アルプス、南アルプスが映えるまち、長野県駒ヶ根市生まれ。南信州山岳ガイド協会所属の信州登山案内人、日本山岳ガイド協会認定ガイド。

スノーボードのトレーニングのため山に登り始める。景色もよく、達成感もあり、すぐに山を好きになる。バックカントリースキーに憧れはじめた25歳のとき、友人が雪崩で命を落とす。山は楽しいだけではない、命と向き合うリスクを痛感する。「山で悲しい思いをしてほしくない」、そんな思いをもって、中央アルプスをメインにガイドしている。山以外では無類の猫好き。

●写真提供

カバー――江田敦典

口絵――
小寺祐介（P1）
海東時男（P2）
登山者提供（P3）
垣外富士男（P3）
近江屋洋（P4）
野口泉水（P5）
小寺祐介（P6〜7）
岡村英樹（P8）

本文――
第1章　海東時男（P25・89）
野口泉水（P35）
江田敦典（P37）
佐藤敏満（P41）
小寺祐介（P43）
国土地理院（P69）
林禎和（P79）
第2章　垣外富士男（P103）
御嶽山合同観測班
（及川撮影）（P117）
小寺祐介（P125）
第3章　松本広域消防局（P139・141・153）
林禎和（P181）
野口弘美（P199）
第4章　毎日新聞社（P231）
松本広域消防局（P241）
小川さゆり（P269・273・275・285）
林禎和（P277）
第5章　OKP・（P298）
市民タイムス（P301）
王滝村役場（P326）

●カバーデザイン
吉田直人
●ブックデザイン
尾崎行欧デザイン事務所
●DTP、地図
株式会社千秋社
●校正（第5章）
與那嶺桂子
●編集
神長幹雄（山と溪谷社）
佐々木惣（山と溪谷社）

＊本文中に出てくる証言者、写真提供者は、一部、仮名にしてあります。

御嶽山噴火　生還者の証言　増補版

二〇二四年九月十五日　初版第一刷発行

著　者　小川さゆり
発行人　川崎深雪
発行所　株式会社山と溪谷社
郵便番号　一〇一―〇〇五一
東京都千代田区神田神保町一丁目一〇五番地
https://www.yamakei.co.jp/
■乱丁・落丁、及び内容に関するお問合せ先
山と溪谷社自動応答サービス　電話〇三―六七四四―一九〇〇
受付時間／十一時～十六時（土日、祝日を除く）
メールもご利用ください。
【乱丁・落丁】service@yamakei.co.jp　【内容】info@yamakei.co.jp
■書店・取次様からのご注文先
山と溪谷社受注センター　電話〇四八―四五八―三四五五
ファックス〇四八―四二一―〇五一三
■書店・取次様からのご注文以外のお問合せ先
eigyo@yamakei.co.jp

印刷・製本　大日本印刷株式会社

＊定価はカバーに表示してあります

© 2024 Sayuri Ogawa All rights reserved.
Printed in Japan　ISBN 978-4-635-04998-6

ヤマケイ文庫の山の本

新編 単独行
新編 風雪のビヴァーク
ミニヤコンカ奇跡の生還
垂直の記憶
残された山靴
梅里雪山 十七人の友を探して
父への恋文
星と嵐 6つの北壁登行
【覆刻】山と溪谷 1・2・3撰集
山と溪谷 田部重治選集
ドキュメント 生還
タベイさん、頂上だよ
処女峰アンナプルナ
新田次郎 山の歳時記
トムラウシ山遭難はなぜ起きたのか
サハラに死す
狼は帰らず
マッターホルン北壁
単独行者（アラインゲンガー） 新・加藤文太郎伝 上／下
空へ 悪夢のエヴェレスト
ドキュメント 気象遭難
ドキュメント 滑落遭難
ドキュメント 道迷い遭難
穂高に死す
長野県警レスキュー最前線
深田久弥選集 百名山紀行 上／下
ドキュメント 雪崩遭難
ドキュメント 単独行遭難
生と死のミニャ・コンガ
ドキュメント 山の突然死
定本 黒部の山賊
新田次郎 続・山の歳時記
人を襲うクマ
八甲田山 消された真実
足よ手よ、僕はまた登る
穂高小屋番 レスキュー日記
侮るな東京の山 新編奥多摩山岳救助隊日誌
ひとりぼっちの日本百名山
北岳山小屋物語
十大事故から読み解く 山岳遭難の傷痕
岐阜県警レスキュー最前線
富山県警レスキュー最前線
日本百低山
41人の嵐
大いなる山 大いなる谷

ヤマケイ文庫クラシックス

新編 山溪記 紀行集
上田哲農 新編 上田哲農の山
田部重治 新編 峠と高原
木暮理太郎 山の憶い出 紀行篇
尾崎喜八選集 私の心の山